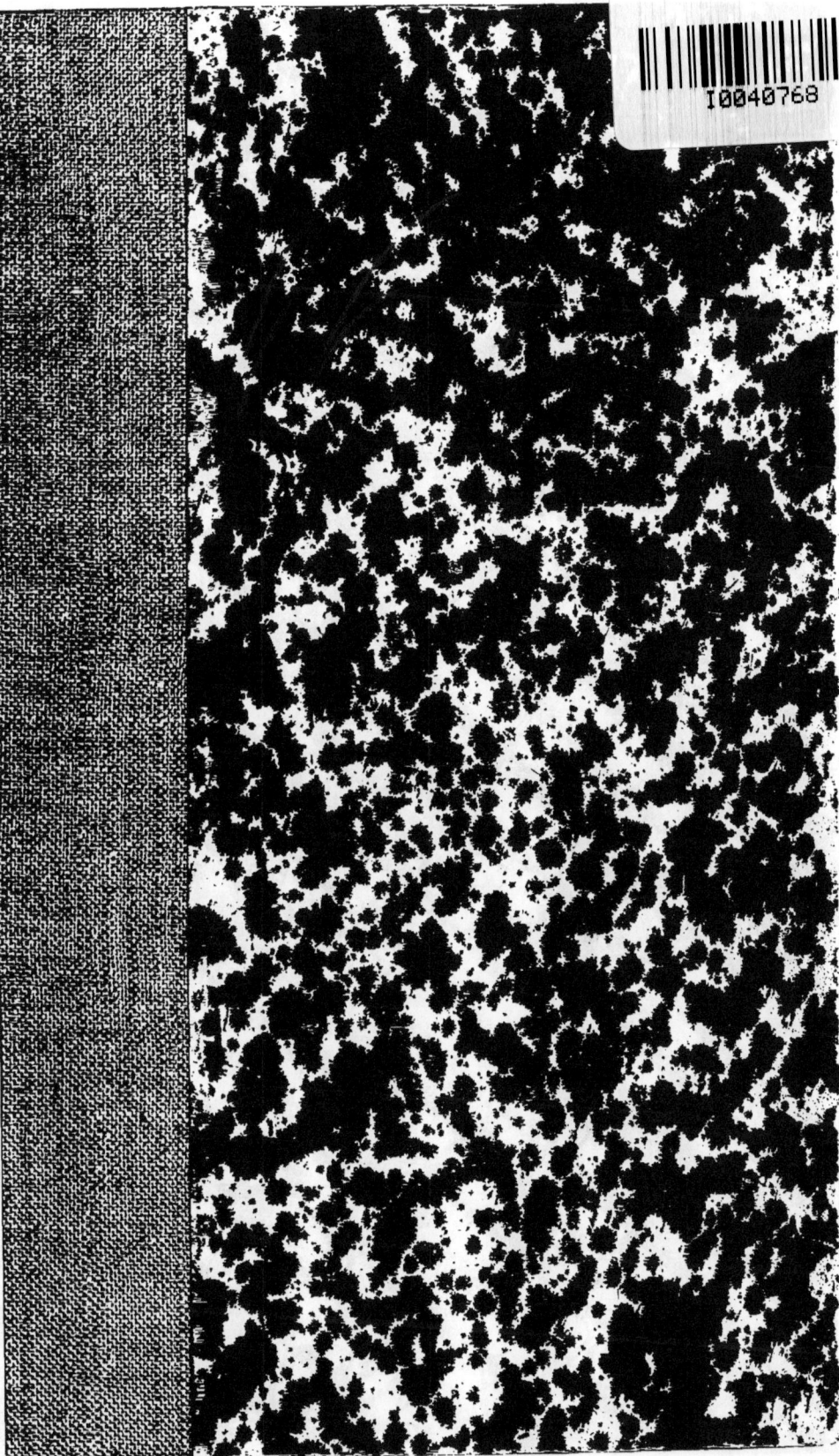

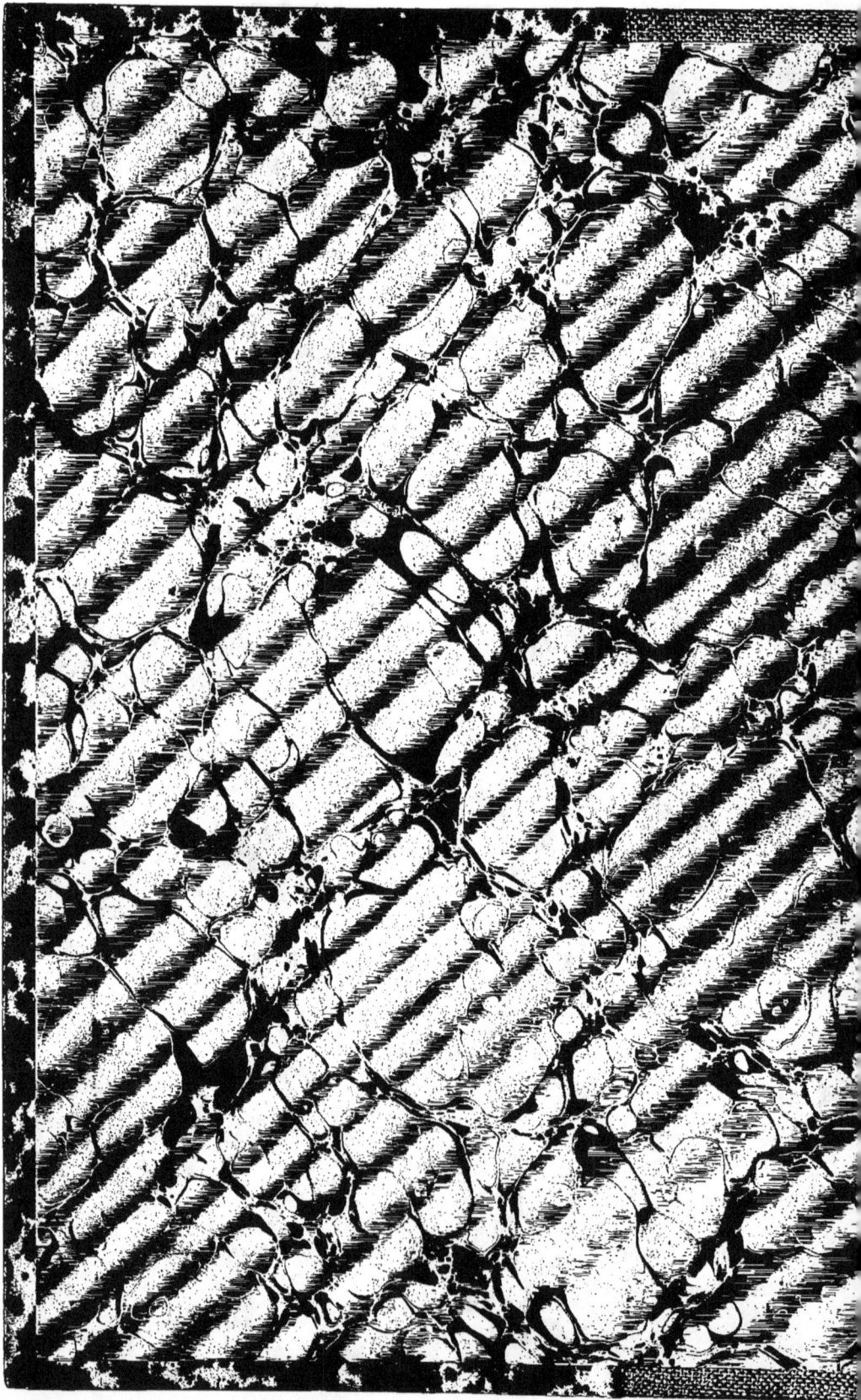

UNIVERSITÉ DE TOULOUSE

Faculté de Droit

Les Consuls de Perpignan

Qual poble es en lo mon qui
sien àxi franchs de francheses
et de libertats ?

ROI MARTIN.

THÈSE POUR LE DOCTORAT

PRÉSENTÉE PAR

Auguste D'ORIOLA

PERPIGNAN
Imprimerie BARRIÈRE & Cie
1, rue des Trois-Rois, et 1, Rue des Cardeurs

1912

UNIVERSITÉ DE TOULOUSE

Faculté de Droit

Les Consuls de Perpignan

Qual poble es en lo mon qui
sien axi franchs de francheses
et de libertats?

Roi Martin.

THÈSE POUR LE DOCTORAT

PRÉSENTÉE PAR

Auguste D'ORIOLA

PERPIGNAN
Imprimerie BARRIÈRE & Cie
1, rue des Trois-Rois, et 1, Rue des Cardeurs
—
1912

FACULTÉ DE DROIT DE TOULOUSE

La Faculté n'entend approuver ni désapprouver les opinions particulières du candidat.

A mon Oncle

M. Henri Tolra de Bordas

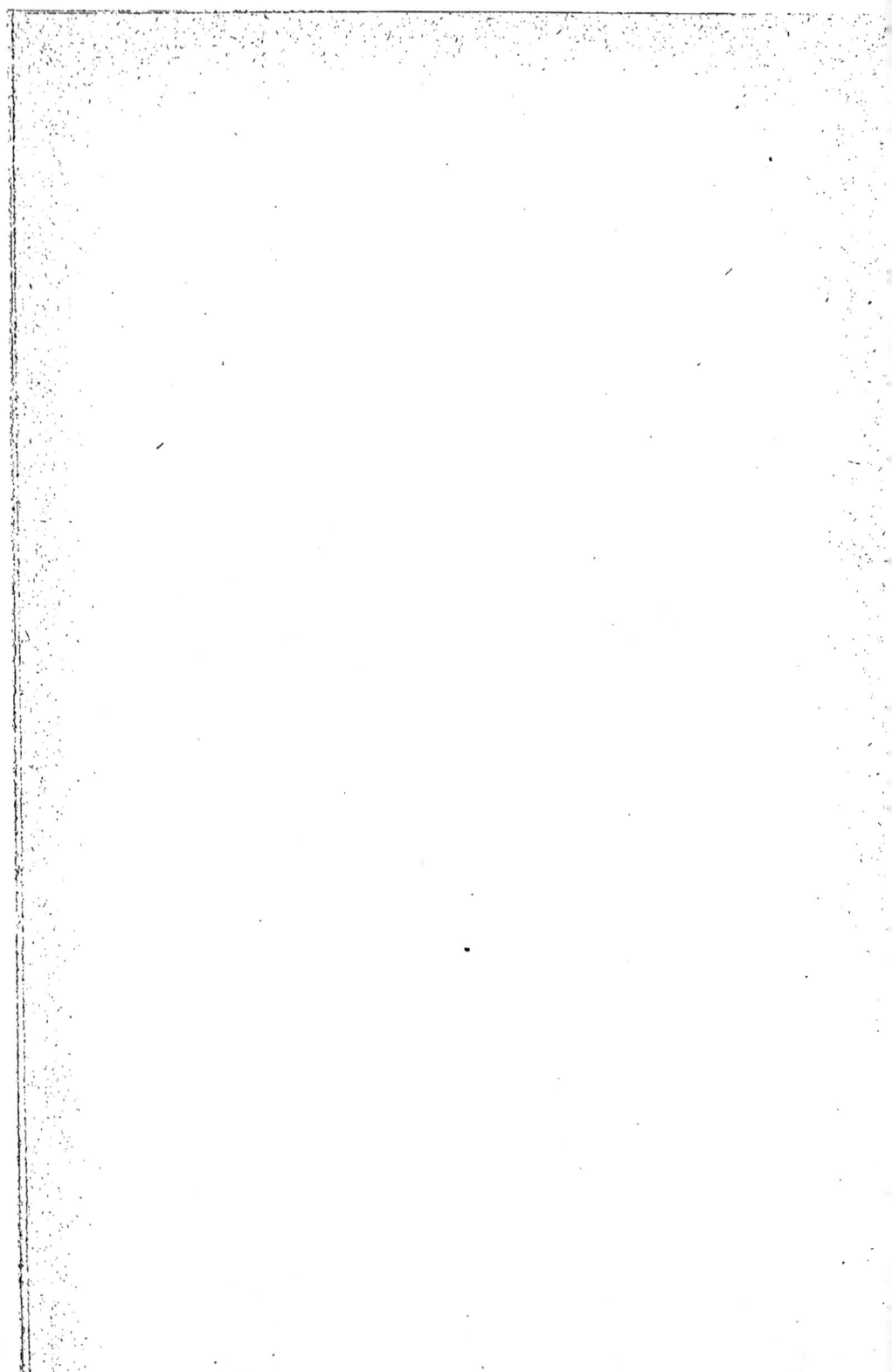

BIBLIOGRAPHIE

B. ALART. — Privilèges et Titres relatifs aux franchises, institutions et propriétés communales de Roussillon et de Cerdagne, 1re partie. Perpignan, Latrobe, 1878.

J. BRISSAUD. — Cours d'Histoire Générale de Droit français public et privé, 2 volumes. Paris, A. Fontemoing, 1904.

Auguste BRUTAILS. — Étude sur l'Esclavage en Roussillon du XIIIe au XVIIe siècle. Paris, L. Larose et Forcel, 1886.

J. CALMETTE. — Louis XI, Jean II et la Révolution catalane. Toulouse, E. Privat, 1902.

CARRÈRE. — Description de la province de Roussillon. Édition de 1788.

Léon CLOS. — Recherches sur le Régime municipal dans le Midi de la France au Moyen Age. Bibliothèque de la ville de Perpignan, L. 2048.

DUCLOS. — Histoire de Louis XI, 2 volumes. La Haye, Jean Veaulme, 1746.

F. FOSSA. — Mémoire pour l'ordre des Avocats de Perpignan. Toulouse, J.-F. Baour, 1777.

DE GAZANYOLA. — Histoire du Roussillon. Perpignan, J.-B. Alzine, 1857.

HENRY. — Histoire du Roussillon, 2 volumes. Paris, Imprimerie Royale, 1835.

HENRY. — Le guide en Roussillon. Perpignan, J.-B. Alzine, 1842.

JAUBERT-CAMPAGNE. — Essai sur les Anciennes Institutions Municipales. Perpignan, Alzine, 1833.

E. LAVISSE ET A. RAMBAUD. — Histoire générale du IVe siècle à nos jours, tome III. Paris, A. Colin, 1894.

J. MASSOT-REYNIER. — Coutumes de Perpignan avec introduction de . J. Martel, Montpellier, 1848.

LE COMTE MERLIN. — Répertoire universel et raisonné de jurisprudence, tomes II et V. Paris, Garnery, 1812.

Félix PASQUIER. — Lettres de Louis XI relatives à sa politique en Catalogne, de 1461 à 1473. Foix, veuve Pomiès, 1895.

J. SAUVY. — Institutions de la province de Roussillon, 1787-1788. Laval, T. Jasmin, 1890.

E. DE TEULE. — État des Juridictions inférieures du comté de Roussillon avant 1790. Paris, Le Chevalier, 1888.

Abbé Ph. TORREILLES. — Mémoires de M. Jaume, avocat au conseil souverain. Notes et introduction. Perpignan, Ch. Latrobe, 1894.

Abbé Ph. TORREILLES. — L'alignement des rues de Perpignan au XVIIIe siècle. Perpignan, Barrière et Cie, 1911.

Abbé Ph. TORREILLES et Emile DESPLANQUE. — L'Enseignement élémentaire en Roussillon depuis ses origines jusqu'au commencement du XIXe siècle. Perpignan, Ch. Latrobe, 1895.

Pierre VIDAL. — Histoire de la ville de Perpignan depuis ses origines jusqu'au traité des Pyrénées. Paris, H. Welter, 1897. — Les juifs des anciens comtés de Roussillon et de Cerdagne. Paris, A. Durlacher, 1888.

Pierre VIDAL et ALART. — Documents sur la langue catalane. Paris, Maisonneuve, 1881.

Abbé Xaupi. — Recherches historiques sur la noblesse des
citoyens honorés de Perpignan et de Barcelone. Paris,
Nyon, 1763.

Revues

*Bulletin de la Société agricole, scientifique et littéraire des
Pyrénées-Orientales.*

Revue d'histoire et d'archéologie du Roussillon, années 1900
et 1901.

Le Devenir Social, revue internationale d'économie, d'histoire et de philosophie, n° 9, année 1895. N°s 1 et 12,
année 1896.

Ruscino, revue d'histoire et d'archéologie du Roussillon
et des autres pays catalans, fondée par Pierre Vidal.

Manuscrits

Bibliothèque de la Ville de Perpignan

Manuscrit d'Henry, n° 94. Mélanges historiques sur l'ancienne province de Roussillon faisant suite à l'histoire de
cette province. (Écrit en 1837).

Archives de la ville de Perpignan

Livres Verts Majeur et Mineur. — Ils tiraient leur nom de Livres Verts de la
couleur de leur reliure et leur nom de Majeur ou de Mineur de leurs dimen-
sions.

Série AA I. — *Livre Vert Majeur*, tome I : Il n'a pas sa couverture primitive, il est actuellement recouvert de cuir fauve.
Il comprend une table des matières incomplète composée de
13 feuillets non numérotés et qui ne s'étend pas au-delà du

feuillet 367. Après ces 13 feuillets, viennent 491 feuillets numérotés ; chaque numéro désigne un feuillet tout entier, recto et verso. Le Livre Vert Majeur, tome i contient des pièces allant de l'an 1162 à 1785. Il est écrit tantôt en catalan, latin, espagnol ou français. Les érudits perpignanais ont pris l'habitude de désigner chaque page du nom de folio, c'est d'ailleurs la dénomination qui se trouve en tête du premier feuillet du Livre Vert Majeur, tome ii.

Série aa II. — *Livre Vert Majeur*, tome ii : Il a une couverture verte; il comprend 42 feuillets numérotés comme le tome i. Ce volume a été employé en sens inverse durant 164 feuillets avec un intervalle de 33 feuillets blancs à enregistrer les feuilles de route de la place de Perpignan du 3 thermidor an v ; au 5e complémentaire an x. Il y a encore après ces 164 feuillets 71 feuillets blancs.

Série aa III. — *Livre Vert Mineur*, tome i : Comprend un ensemble de 17 feuillets numérotés à part, puis de 370 feuillets. Il est écrit en catalan et en latin et comprend des pièces allant de 1185 à 1413.

Série aa IV. — *Livre Vert Mineur*, tome ii : Est numéroté de 371 à 703, le premier feuillet portant le numéro 371. Il est écrit en latin, catalan, français et espagnol et comprend des actes allant de 1074 à 1729.

Série aa VI. — *Livre des Provisions*, tome i : Contient quatre livres et un préambule précédé d'une table des trois premiers livres et d'une partie du quatrième. Le préambule nous apprend que ce livre a été commencé en 1409 par ordre des consuls pour y transcrire les provisions rendues en faveur de Perpignan. Il comprend 557 feuillets écrits en latin, catalan, espagnol et français. Les feuillets, de 449 inclus à 488 inclus, manquent. Les actes qu'il contient vont de 1266 à 1739.

Le Livre I, intitulé *Rex Petrus*, va du folio 25 au folio 95.

Le Livre II, intitulé *Rex Johannes*, va du folio 95 au folio 156.

Le Livre III, intitulé *Rex Martinus*, va du folio 156 au folio 238.

Le Livre IV contient les provisions du roi Ferdinand et, à la suite, des pièces de toute nature allant jusqu'en 1732.

Série AA VII. — *Livre des Provisions*, tome II : Débute par 29 feuillets imprimés, le reste est manuscrit ; en tout 220 feuillets écrits en espagnol, catalan, latin, français. Il embrasse la période 1503-1771.

On a aussi classé aux Archives municipales, sous le nom de Livres des Provisions, d'autres volumes d'actes relatifs à Perpignan. Nous ne citerons que ceux que nous avons utilisés.

Série AA. — *Registre 10* : 148 feuillets imprimés en français comprenant des actes allant de 1683 à 1785.

Série AA. — *Liasse 16* : Français, catalan, quelques rares pièces imprimées, le reste manuscrit.

Série BB XIX et XX. — *Testaments des Consuls en deux volumes* : Embrassant la période 1598-1694. Écrits en catalan, un seul testament a été écrit en français (1687). Il manque très peu de testaments entre les dates ci-dessus.

Série BB VII. — *Livre des Ordinacions*, tome I : 4 feuillets numérotés à part et 430 numérotés, tantôt en chiffres arabes, tantôt en chiffres romains. Les actes qui y sont contenus vont de 1275 à 1508.

SÉRIE BB VIII. — *Livre des Ordinacions,* tome II : Au début
7 feuillets allant de l'an 1693 à l'an 1715. A la suite 281 feuillets numérotés comme le tome I, allant de l'an 1509 à 1631.

Archives départementales

SÉRIE C. — *Archives de l'Intendance :* Ces archives contien-
nent les actes d'administration concernant le Roussillon
depuis sa réunion à la France et aussi en partie ceux concernant le pays de Foix qui fut réuni à l'Intendance de Roussillon
de 1716 à 1784.

Cette Série C comprend 2119 liasses. Nous n'avons utilisé
que les liasses suivantes :

1520, 38 pièces papier dont 5 imprimées.
1521, 55 pièces papier dont 8 imprimées.
1522, 4 pièces parchemin, 22 pièces papier.
1523, 5 pièces parchemin, 55 pièces papier.
1524, 4 pièces parchemin, 106 pièces papier.
1525, 1 pièce parchemin, 79 pièces papier.
1526, 1 pièce parchemin, 116 pièces papier.
1531, 26 pièces papier dont 8 imprimées.

INTRODUCTION

Origine des Institutions Municipales de Perpignan

L'avènement de Perpignan à la vie communale ne fut point le fait de mouvements populaires causés par un impérieux besoin de libertés. Il fut la conséquence naturelle des événements et comme la mise en pratique d'une vue exacte des intérêts de la cité, se confondant avec les intérêts des Princes, toujours empressés à conquérir la population perpignanaise par des franchises de plus en plus multipliées et capables d'en satisfaire les aspirations et d'en assurer ainsi la prospérité. La charte définitive de commune qu'octroya à Perpignan le roi Pierre d'Aragon, fils et successeur d'Alphonse II, ne fut, on peut le dire, que la consécration officielle d'une situation de fait bien antérieure, et dont les premières bases remontent à l'origine même de la ville. Il semble donc convenable de jeter un coup d'œil sur cette origine.

Se fondant sur des ressemblances, d'ailleurs incontestables et qui s'imposent à l'historien, entre les institutions des villes romaines et celles de notre cité, d'aucuns lui ont assigné une origine qui, à ce compte, devrait se perdre dans la nuit des temps. Cette opinion, bien peu soutenable, doit être mise au même rang que toutes ces légendes populaires qui attribuent à Perpignan des origines plus ou moins fantaisistes ou fabuleuses, inventions gracieuses et naïves faites plutôt pour charmer l'imagination que pour éclairer l'histoire[1]. En réalité, toutes les recherches de nos historiens et de nos érudits catalans n'ont pu, jusqu'ici, faire remonter l'existence de Perpignan à une époque plus reculée que le commencement du xe siècle.

Ce n'est qu'en 922 ou 927 que la cité roussillonnaise est nommée pour la première fois, dans un acte de vente consenti par un certain Aton à l'Évêque d'Elne de deux alleux touchant... *de tertio latere in termino de villa Perpiniano*[2]. En 929, autre vente entre voisins de propriétés d'une vigne « confrontant au chemin qui va de Perpignan à Orle »[3]. Enfin, en 961, Raymond, marquis de Gothie, lègue par tiers à l'abbaye de Saint-Pierre de Roda et aux cathédrales de

---

[1] On peut voir l'exposé de ces diverses hypothèses et leur critique dans le chapitre Ier de l'*Histoire de Perpignan*, par M. Pierre Vidal.

[2] *Le Cartulaire d'Elne*, folio 28, transcrit par Fossa dans son *Recueil Manuscrit* donne la date 927.
D'autre part Fossa cite cet acte dans son *Mémoire pour les avocats*, p. 54, en donnant la date de 922, date recueillie dans l'œuvre de Marca, *Marca Hispanica*, l. V, cap. V, c. 21.
La discussion de cette date a été faite par Massot-Reynier, dans ses *Coutumes de Perpignan*, p. XI.

[3] *Cartulaire d'Elne* cité par Massot-Reynier, p. XII. On voit aussi dans le *Cartulaire d'Elne*, folio 75, une donation d'un héritage qui touche à la route qui vient de Perpignan (année 934). Cet acte est rapporté par Fossa dans le *Recueil Manuscrit*.
En 959, échange de terres situées dans le territoire de Perpignan. (Acte rapporté par Fossa dans son *Mémoire pour l'Ordre des Avocats*, p. 54. *Marca Hispanica*, lib. 1, cap. V, c. 21).

Gérone et d'Elne, l'alleu de Perpignan, qu'il tient d'Aton[1]. Ce legs n'est, probablement, qu'un legs de droits féodaux sur un ensemble de domaines, et non un legs de domaine, car, déjà à cette époque, les seigneurs, gardant pour eux le domaine éminent, avaient morcelé le domaine utile et l'avaient mis entre les mains d'une multitude de petits propriétaires[2]. Tout fait donc croire qu'à cette date, l'alleu de Perpignan était divisé en plusieurs propriétés et se présentait sous la forme d'un village. Sa population devait être déjà relativement importante et riche, puisqu'en 1025 elle avait fini d'édifier son église, dédiée à Saint Jean-Baptiste, qui fut consacrée, cette même année, par Bérenger, évêque d'Elne, en présence de Gausfred, comte de Roussillon. La délimitation du territoire de la nouvelle paroisse, faite à ce moment par l'évêque Bérenger, nous montre ce territoire fort étendu.

L'origine de Perpignan est donc de date récente, et il est nécessaire de remonter plus haut dans l'histoire pour pouvoir s'expliquer les caractères essentiels et particuliers de ses institutions. Sa fondation avait été précédée dans le pays par celle de villes nombreuses qui avaient déjà les leurs et dont les habitants, soumis d'abord à la domination romaine et puis à celle des Goths, se virent, après bien des vicissitudes, confondus, au VIIIe et au IXe siècles, avec les Francs et les Espagnols, sous Charlemagne, Louis-le-Débonnaire et Charles-le-Chauve.

Les institutions d'un pays ne sont généralement que les

[1] *Histoire du Languedoc*, t. II. Preuve c. 108.
[2] Brutails. *Étude sur la condition des Populations rurales*, p. 28.

conséquences des événements considérables qu'il a eu à
traverser et des conditions particulières avec lesquelles il a
dû compter pour s'édifier et asseoir définitivement son existence personnelle dans le concert des peuples. Il ne sera donc
pas inutile de suivre ce développement des lois et des coutumes en Roussillon et les diverses phases des libertés communales de ses villes jusqu'à la fameuse charte de Pierre
d'Aragon.

C'est à l'épouvantable invasion arabe, invasion qui ruina le
Roussillon, et qui devait pourtant être pour lui comme les
assises fondamentales de sa prospérité future, qu'il nous faut
remonter. La plaine du Roussillon, passage obligé de toutes
les irruptions des Sarrasins, et éprouvant leurs premières
fureurs, eut le plus à souffrir pendant cette désastreuse
période. Trop faible pour pouvoir opposer à son cruel envahisseur une résistance bien organisée et efficace, l'habitant
de la plaine se sauve sur les montagnes où il peut plus aisé-
ment se cacher ou se défendre. L'exode de tous ces habitants
sur les hauts plateaux et dans les forêts de nos sommets
neigeux, dépeuple notre plaine qui n'est bientôt plus qu'un
désert. Et pourtant, romain par l'esprit, chrétien par le cœur,
le vaincu lutte toujours contre l'ennemi de sa foi et de sa
race. Il ne se soumet point au plus fort[1]. Il abandonne au
conquérant toute sa fortune, ses maisons détruites, ses terres
en friche, et l'envahisseur, constamment harcelé par l'envahi
dans un pays dévasté, ne peut organiser sa conquête. A
certains moments même, il a peur de sa victime, et, dans son
expédition contre Charles Martel pour secourir Narbonne, il

---

[1] Gazanyola, dans son *Histoire du Roussillon*, ch. V, expose ces luttes déses-
pérées, ces révoltes farouches.

évite de passer par le Roussillon et expédie ses troupes par
mer de Tarragone à la Nouvelle, redoutant les efforts déses-
pérés de ce pauvre peuple aux abois [1].

Mais l'an 778, année de triomphe et de salut, arrive. L'armée
de Charlemagne apparaît. Elle traverse le Roussillon pour
délivrer l'Espagne abattue sous les coups d'Ab-del-Rhaman.
La Catalogne est délivrée du joug musulman. Charles établit
dans ses villes des comtes et des gouverneurs. Il n'oublie pas
le Roussillon qu'il trouve dans un état déplorable, sans villes,
sans villages, ses monastères et ses temples renversés, ses
terres en friche. Le Roussillon se livre à son libérateur, le
proclame avec joie son maître et suzerain. Des abbayes s'élèvent et, au pied de leurs murailles, se groupent des populations
confiantes. Elles quittent les abrupts sommets, les forêts
protectrices où elles se sont réfugiées, et redescendent dans
la plaine. Mais, sans doute, bien des familles plus craintives,
redoutant de nouvelles irruptions et jalouses de tranquillité,
s'établiront pour toujours dans leurs nouveaux foyers et
peupleront nos montagnes.

L'expédition de Charlemagne en Catalogne devait avoir, au
point de vue du repeuplement du Roussillon, d'importantes
conséquences. En effet, beaucoup de soldats Francs de son
armée demeurèrent dans le pays ainsi que beaucoup d'Espagnols de Catalogne qui s'étaient incorporés dans leurs rangs
et qui, au départ de l'armée Franque, redoutaient encore
les représailles des Sarrasins. Les rois de France firent des

[1] Cette expédition est de 736. En 814, Louis succéda à Charles et donna aux
Espagnols des aprisions qu'ils pouvaient cultiver ou faire cultiver par des
esclaves et leur permit de se rendre vassaux des comtes pour les terres qu'ils
en recevaient. En 816, il rendit héréditaires ces aprisions.

dons de terre à ces Espagnols qui formèrent la classe des cultivateurs, *hortolenses*[1]. Quant aux anciens propriétaires qui n'avaient pas disparu ou qui étaient revenus, ils cherchèrent sans doute asile chez ceux de leurs frères gallo-romains qui avaient obtenu des rois Francs de grandes concessions de terre. Il ne semble pas douteux qu'à cette occasion, ceux-ci respectueux des antiques traditions des indigènes, leur rendirent leurs lois qui étaient celles des Goths, inspirées du Bréviaire d'Alaric et par conséquent du droit romain[2]. Ils ne gardèrent pour eux que le droit d'ensemble, l'autorité de principe laissant aux populations les libertés que donnait la loi aux cités (civitas) de l'Empire romain. Ce respect des traditions du pays par nos rois Francs s'affirma en 850 environ d'une façon éclatante par la déchéance du comte Salomon, franc d'origine, et la nomination par le roi, comme comte du Conflent et de la Cerdagne, de Miron Ier, fils de

[1] Lorsque en 816, les aprisions furent rendues héréditaires, sept copies de ce privilège furent faites et déposées aux Archives de Narbonne, Carcassonne, Béziers, Rosciliona, Ampurias, Gerone et Barcelone, c'était donc sans doute aux environs de ces villes que les Espagnols étaient venus s'établir. Rosciliona était sans doute une ville bâtie sur les débris de l'antique Ruscino, puis à nouveau détruite par les Sarrasins ou les Normands.

[2] Le roi Chindaswind abrogea la Lex Romana Visigothorum, et publia un code applicable à tous ses sujets. « Ce code, dit M. Laferrière, était un mélange de droit romain et barbare codifié au milieu du VIIe siècle, mais d'après des éléments antérieurs. Il est divisé en deux parties dont l'une, presque toute romaine, sous la dénomination d'Antiqua, a été puisée dans le *Breviarium* d'Alaric et dont l'autre est presque entièrement germanique ». En 653, ce code n'était pas appliqué ou ne l'était qu'incomplètement, car Receswind, fils du précédent, dut le confirmer et ajouter cette sanction : défense de se servir d'un autre code à peine de payer au fisc 30 livres d'or d'amende.
Avant la publication de ce code, les Goths et les Gallo-Romains ne pouvaient s'unir en mariage à peine de mort ; la chute de l'empire Goth par suite de l'invasion arabe est de 711 ; il est impossible qu'en un demi-siècle, des populations autrefois si distinctes se soient mêlées au point d'oublier leur lois primitives.
Le droit Romain était donc le droit préféré des Gallo-Romains.

Seniofred, tige de l'illustre maison de Barcelone et frère du
fameux Wifred le Velu qui en fut le premier comte hérédi-
taire.

Les comtes établis par les rois carolingiens, aidèrent de
tout cœur la fondation de ces agglomérations qui changeaient
la face du pays, et, non contents de leur confirmer la possession de leurs anciennes coutumes, ils greffèrent bientôt sur
les libertés communales qui en découlaient, des lois particulières, des privilèges nouveaux qui faisaient à ces villes une
situation à part. Les comtes, à mesure qu'elles acquéraient
une importance plus grande, leur accordaient des chartes
de *poblacion* [1]. Telle fut l'origine de la plupart des villes de
Roussillon [2], telle fut aussi, sans doute, celle de Perpignan.
A peine formées, ces villes furent obligées de se défendre
contre des ennemis de toutes sortes et devinrent autant de
places fortes, refuges assurés pour les faibles et les opprimés
qui ne tardèrent pas à y affluer. Heureux de cette repopula-
tion le comte Guirard multiplie les chartes de *poblacion* et
dans toutes ces chartes nous trouvons comme privilèges
constants :

L'exemption au moins temporaire d'au moins une partie
des impôts.

Le pardon de ses crimes pour tout homme venant habiter
la nouvelle cité.

[1] C'est ainsi que furent créées la plupart des villes du Nord de l'Espagne, à
mesure que de nouveaux lambeaux de province étaient arrachés au joug
sarrasin.
En 880, *Charte de poblacion de Cardona*, par Wifred le Velu. PRIVILÈGES ET
TITRES D'ALART, p. 25.

[2] 1095. Fondation de Villefranche-de-Conflent, PRIV. ET TIT., p. 35. — 1142,
de Codalet, PRIV. ET TIT., p. 39.

Le droit de se défendre par les armes contre les agresseurs [1].

La culture des champs et le défrichement des terres absorbent d'abord toutes les initiatives, tous les efforts [2]. Le sol se revêt bientôt de riches moissons. La fortune et la prospérité s'accroissent par le travail incessant des populations essentiellement économes et laborieuses. Bientôt l'agriculture ne leur suffit plus. Une vie intense se manifeste à la suite du nombre toujours croissant des habitants et leur crée des besoins nouveaux. Le commerce prend naissance dans les villes roussillonnaises et s'y développe [3]. Heureux de favoriser ce mouvement, qui semble tenir à une mentalité particulière d'une race naturellement pratique et entreprenante, les comtes donnent aux villes les plus actives dans ce mouvement, la propriété de leurs marchés [4]. Ils multiplient pour elles les privilèges et les faveurs qui, venant s'ajouter à leurs

[1] 1156. Artald permet aux habitants d'Elne de se venger par les armes des torts qu'ils subiraient.

[2] Les comtes encouragent les habitants dans cette voie, leur vendant ou leur cédant leurs droits sur les pâturages et les forêts.

1030. Wifred, comte de Cerdagne, confirme aux hommes ayant alleu dans la vallée d'Osséja, la possession de tous droits vacants, prés, pâturages, sources et cours d'eau compris dans les limites qui sont à peu près celles des communes actuelles d'Osséja et de Vall ça Bollera.

[3] Dans un acte du 12 septembre 1120, relatif à Salces, il est fait mention d'une mesure « mercadale » : *trois eiminas mercadals de forment*, ce qui prouverait qu'il y avait un marché.

[4] Un acte du 5 mai 1124 (LIVRE DES ORDINACIONS DE L'ÉGLISE SAINT-JEAN), parle de: *quatre migeras olei ad mensuram Perpiniani.*

Un acte du 6 des ides de mai 1152, *Archives de l'Hospice de Perpignan*, liasse 2, n° 3, parle d'une table du marché de Perpignan, *intus merchatale ante mazello*. Il y avait donc déjà à Perpignan des marchés et des mesures spéciales adoptées dans ces marchés.

Le comte de Barcelone donne aux habitants d'Arles leur marché moyennant une redevance. Arles est très voisin du Roussillon et il est probable que le comte de Barcelone ne faisait que suivre l'exemple de son voisin de Roussillon.

institutions propres, en font bientôt un sujet d'envie pour les
habitants des campagnes moins favorisés par les lois[1]. Et
nous commençons à voir ici qu'en Roussillon les libertés
politiques se développent et s'affirment en raison directe de
la valeur économique de la population.

Mais cet essor vers la vie commerciale était malheureusement
contrarié à cette époque par les incursions fréquentes des
pirates Normands, des Sarrasins, des Baléares et aussi par
ces guerres privées dont les grands aussi bien que les petits
donnaient partout le déplorable exemple. Les rois Francs
pouvaient-ils affranchir de tant d'obstacles qui compromet-
taient sa sécurité et son développement, cette contrée si
éloignée de leur Empire ? Livrés à eux-mêmes et à leurs
propres forces devant l'impuissance ou l'insouciance des rois
Francs, les comtes ne tardent pas à s'affranchir d'une tutelle
désormais inutile et, vers la fin du xe siècle, nous les voyons,
complètement indépendants, se considérer comme les maîtres
souverains du pays et s'intituler « comtes par la grâce de
Dieu[2] ».

[1] Confirmation en 1162 par Guirard de divers articles de la coutume de
Perpignan. Rapporté par Alart. PRIV. ET TIT., p. 45.
1170. Privilège accordé par Guirard aux Perpignanais au sujet des poursuites contre les débiteurs. Alart, PRIV. ET TIT.

[2] Vers la fin du xe siècle, Gausfred s'intitule : comte par la grâce de Dieu
(*Hist. du Roussillon*, par Gazanyola).
D'aucuns ont prétendu que les comtes étaient indépendants dès le ixe siècle,
c'est une erreur.
De 821 à 988, il y a 42 chartes où nos rois de la 2e race ont accordé des
confirmations de leurs biens, des sauvegardes, etc., aux Roussillonnais. Ce
sont là des preuves d'autorité.
En 989, Hugues Capet, tige de la 3e race, écrit à Borrell, comte de Barcelone
pour se faire envoyer des députés qui reconnaîtraient son autorité.
Depuis lors, rien ne prouve plus la domination en Roussillon d'une autre
puissance que celle du comte. Cependant, jusqu'en 1180, les années se comptè-
rent en Roussillon et Catalogne par celles du règne des rois de France

Mais pourront-ils, par leur seule initiative et leurs seules ressources, pauvres d'hommes et d'argent, délivrer leurs peuples de tant d'obstacles qui entravent leurs efforts et fatiguent leur courage ? Le royaume d'Aragon, bien gouverné et tout proche, pouvait offrir au Roussillon un bien plus grand secours, une protection bien plus efficace que la lointaine monarchie des Francs. De son côté, le roi d'Aragon convoitait ce pays sans défense, borné par des frontières naturelles et côtoyant la Méditerranée qui était le centre du commerce d'alors. La solution était là. Le comte Guirard le comprit. Ne voyant d'ailleurs aucun de ses héritiers digne de lui succéder et jugeant à son vrai point de vue la situation toujours incertaine de ses sujets, il vit dans le roi d'Aragon le seul suzerain qui pût les protéger d'une façon réellement efficace. Il donna donc par testament « tout son honneur » à Alphonse II d'Aragon, bien que, ajoute-t-il, il n'ait aucun droit à ce legs ; il lui recommande ses parents et ses alliés, et le supplie avant tout « d'honorer ses hommes », par conséquent de les défendre et de leur conserver leurs anciens privilèges [1].

Alphonse d'Aragon obéit aux dernières volontés de Guirard. Bien plus, pour s'attacher ses nouveaux sujets, il leur accorde des privilèges plus étendus [2]. Il vient en personne à Perpi-

En 1180, le Concile de Tarragone décide qu'on les comptera désormais depuis l'année de la Nativité. Cette prescription ne fut guère suivie et Pierre IV la renouvelle en 1351. Mais ce n'est que par la force d'une vieille habitude que l'on compte les dates d'après la 1re méthode et l'on ne peut voir là une marque de dépendance envers la France.

[1] Testament de Guirard, L. VE. MIN., f°s 9-11.

[2] 1172. Confirmation de divers articles des *Coutumes de Perpignan*.

1173. Reconnaissance des franchises de Perpignan en ce qui concerne le don gratuit. PRIV. ET TIT. d'Alart.

1174. Concession relative au marché de Perpignan. L. VE. MIN. f° 19.

gnau prendre possession du Roussillon, y prend le titre de
Comte de Roussillon, confirme les privilèges reconnus à ce
pays par ses anciens comtes et reçoit à Perpignan le serment
de fidélité du châtelain de Salces et aussi, sans doute, des
autres seigneurs du pays [1]. Il pouvait dès lors compter sur
leurs châteaux pour défendre son nouvel héritage ; mais
trouvant ce moyen de défense insuffisant, il fortifie les
anciennes villes et en crée de nouvelles également fortifiées ;
il fait même abandonner les villes dont la position lui semble
défectueuse [2]. C'est ainsi que les Perpignanais devraient, à
son gré, abandonner l'antique paroisse de Saint-Jean, pour
s'établir au puits des Lépreux qui, plus élevé, serait plus
facile à défendre [3]. Mais ce projet est abandonné par suite de
la résistance des habitants; ceux-ci doivent toutefois s'engager
à élever autour de leur ville de nouvelles fortifications.

Ce ne sont pas seulement les villes dépendant directement
de lui, qu'Alphonse II transforme en places fortes, les seigneurs ecclésiastiques ont le droit de fortifier les leurs, et les
barons ne peuvent bâtir leurs châteaux auprès de ces villes. —
De tous côtés surgissent des citadelles. Derrière leurs murs
les habitants bravent la colère des barons et peuvent se défendre contre les incursions des pirates.

Après les avoir faites puissantes, Alphonse veut ses villes
bien administrées. Il enlève au viguier, autorité trop lointaine,
le gouvernement des principales cités et le donne à un bailli

---

[1] 17 juillet 1172. Il fait jurer aux barons des « paix et trêves » où ils reconnaissent son autorité. Henry, dans son *Histoire du Roussillon*, t. Ier, preuve IX,
a publié un texte de ces paix et trêves.

[2] 1178. Alphonse transporte à Puigcerda la population d'Hyx. PRIV. ET TIT.,
d'Alart.

[3] Massot. *Cout. de Perpignan*, pages 40-42.

relevant directement de la couronne[1]. Pour diminuer la fréquence des guerres privées, il lie l'arrogance des barons par des « paix » et des « trèves » où ils reconnaissent son autorité. Les bienfaits de la paix se font bientôt sentir. Le pays renaît. Dès lors en Roussillon, la ville, puissante par le nombre toujours croissant de ses habitants, forte de ses remparts, riche de son commerce et de son industrie, et par conséquent d'une richesse personnelle absolument étrangère au système féodal, la ville, ayant une individualité civile, puisque ses habitants ont des possessions communes (chemins, marchés, pâturages), soumise le plus souvent à la direction d'un gouverneur spécial, et jouissant toujours de coutumes propres, devait naturellement arriver à une pleine personnalité politique.

C'est ce qui advint aux villes du Roussillon et à Perpignan en particulier qui, peu à peu affranchi par ses comtes et par son premier roi, se vit donner définitivement sa charte de commune par Pierre II d'Aragon, fils et successeur d'Alphonse.

---

[1] *Coutumes de Perpignan*, art, 51 cité par Alart, PRIV. ET TIT., page 60.

CHAPITRE PREMIER

Institution Consulaire 1196-1346

On a dit avec raison que l'affranchissement des communes au xiiᵉ siècle défendit à la fois la cause des peuples et la cause des rois. L'histoire de Perpignan semble donner à cette vérité une éclatante confirmation. Notre ville eut, en effet, la fortune de s'épanouir, dès son origine, alors qu'elle n'était encore qu'un pauvre bourg ne comprenant que l'enclave actuelle de la paroisse Saint-Jean, sous les fécondes effluves de cet affranchissement libérateur ; c'est ce qui explique les progrès exceptionnellement rapides de sa population et de sa prospérité industrielle et commerciale. Sa fidélité à d'antiques traditions, dont notre ville se montra toujours jalouse et fière, l'avait depuis longtemps préparée à cette innovation, à cette association jurée et autorisée par titre authentique, à cette rédaction ou confirmation des usages et coutumes, à cette attribution de droits ou de privilèges du nombre desquels est une juridiction plus ou moins étendue confiée à des magistrats élus par elle, et enfin à ce droit de défense qui constituent les seuls caractères auxquels on reconnaît l'existence communale.

C'est au roi Pierre II, successeur d'Alphonse, roi d'Aragon, que Perpignan dut son émancipation politique. Pierre vint à Perpignan quelques mois après la mort de son père et, quelques jours à peine après son arrivée, il signa la charte qui érigea officiellement Perpignan en commune.

L'importance capitale de ce document nous fait un devoir d'en donner ici la traduction fidèle sans en rien omettre[1] :

« Qu'il soit notoire à tous, que nous tous habitants de la ville de Perpignan, réunis ensemble, du consentement et ordre de l'illustre seigneur Pierre, roi d'Aragon, comte de Barcelone, nous établissons parmi nous cinq consuls, N.., N..., N..., N..., N..., qui veilleront de bonne foi à la conservation de tout le peuple de la ville de Perpignan, soit petit, soit grand, de ses biens, meubles et immeubles et des droits du roi ; maintiendront et régiront ledit peuple, pour procurer en toutes choses la fidélité due au roi, et à l'avantage et à la sûreté de tout le peuple de ladite ville de Perpignan, lesquels consuls, ci-dessus dénommés, exerceront le consulat pendant une année, qui commencera aux calendes de Mars.

« Que si, après ce terme, ils ne veulent pas en continuer l'exercice, ou s'ils n'étaient pas jugés utiles, ou si la nécessité l'exige, ou si le peuple de ladite ville trouve à propos de les changer, il sera procédé à la nomination de cinq autres

---

[1] La copie la plus ancienne qui existe de cette charte se trouve dans le *Liv vert Min.* f°ˢ 12-13. Il en existe trois autres du xivᵉ siècle. La traduction que nous donnons ici est celle de Jaubert Campagne. *Histoire des Institut. Communales.*

Cette charte est la première qui constitue des consuls en Roussillon ; ils y étaient inconnus jusqu'alors. Il n'en était pas de même en Catalogne. On trouve aux Archives royales de Barcelone, parch. n° 266, une vente faite en 1153 du tiers de Tortose *quæ ad commune Janue pertinet.....* faite au comte de Barcelone..... *par Henricus consul Januensis ex mandato et consilio Januensium consulum.....* Rapporté par Alart. *Priv. et Tit.*

consuls, au choix de tout ledit peuple, pour un an, ce qui sera renouvelé chaque année, si ceux qui exerceront le consulat ne sont pas jugés utiles, ou si le peuple ne veut pas qu'ils en continuent l'exercice.

« En outre, nous tous habitants de la ville de Perpignan, et chacun de nous, promettons de bonne foi et sans feinte sur les saints évangiles, par cet écrit, à perpétuité, de consacrer notre vie et nos corps, à la fidélité due au seigneur roi et à ses successeurs, et de soutenir tous ses droits quelconques de bonne foi.

« De plus, nous tous habitants de Perpignan, petits et grands, convenons entre nous, de bonne foi et sans supercherie, que nous serons tous ensemble, mutuellement, en maintenant les droits du seigneur roi et de ses successeurs, de véritables aides et défenseurs de nos personnes et de nos biens contre tous ceux qui ne seront pas de la dite ville de Perpignan, sauf toujours la fidélité due au roi et à ses successeurs, en tout et pour tout ; tout ce que nous jurons et promettons d'observer sous ledit serment.

« Et moi, Pierre, par la grâce de Dieu, roi d'Aragon, comte de Barcelone, pour moi et pour mes successeurs, j'accorde et je promets fermement par cette charte valable à perpétuité, à tous mes hommes de la ville de Perpignan, qui y habiteront et demeureront, présents et futurs, que si quelque personne qui ne sera pas de ladite ville, fait quelque tort, offense ou injure, à quelque homme ou femme de ladite ville, en les frappant ou de toute autre manière, celui qui aura reçu le dommage ou l'injure s'adresse aux consuls, au bailli, ou au viguier, qui se trouveront en charge en notre dite ville ; que

sur les représentations du plaignant, les consuls, avec mes
bailli et viguier, se transporteront de suite, sans retarde-
ment, sur les lieux, ou manderont celui qui aura fait le tort,
le dommage ou l'injure ; que s'il refuse de venir, ou de restituer, ou de faire la réparation qu'ils croient juste, conformément à la raison, au droit et aux usages et coutumes de la
dite ville, nous voulons, et, de notre autorité royale, ordonnons que les consuls, avec nos bailli et viguier marchent et
poursuivent ensemble et à main armée, le malfaiteur qui aura
fait le tort, le dommage ou l'injure, jusque dans la ville où il
se sera retiré et où il aura ses effets ; il ne pourra être formé
aucune plainte au sujet des méfaits et meurtres qui y seront
commis. Si lorsque les dits consuls, avec nos bailli et viguier,
feront ces chevauchées, quelque habitant de Perpignan reste
dans la ville sans nécessité évidente, il encourra une amende
de dix sols Barcelonais, qui seront employés à réparer les
murs de la ville. Nous ordonnons encore qu'aucun particulier
n'ose méfaire et poursuivre quelque étranger, sans prendre
l'avis de nos consuls, bailli et viguier, à peine d'être contraint
à telle réparation qu'ils croiront juste, et de plus ils seront
condamnés à une amende de dix sols, qui seront employés à
la réparation des dits murs. Les consuls seront dédommagés
des frais qu'ils auront faits et du louage des chevaux, s'ils
sont montés à cheval, aux dépens de celui qui aura fait le
tort ou dommage.

« Pareillement, les consuls qui seront annuellement nommés, feront, comme ont déjà fait les dits consuls, le serment
de fidélité et de manutention de nos droits, et jureront d'être
fidèles à tout le dit peuple de Perpignan, et d'en procurer en
tout l'avantage.

« Et nous, N..., N..., N..., N..., N..., cinq consuls susdits, chacun en particulier, jurons sur les quatre saints évangiles d'être fidèles au roi et à ses successeurs, de sacrifier notre vie et nos corps pour maintenir tous ses droits en toutes choses, d'être également fidèles à tout le peuple de Perpignan, et d'en procurer en tout l'avantage.

« Fait le 7 des calendes de mars de l'année 1196. »

La charte du roi Pierre est bien différente des chartes de commune des villes du nord de la France, achetées au poids de l'or ou arrachées au seigneur par la force des armes. Ici le peuple et le prince font un contrat de gré à gré ; le peuple décide, le prince ratifie ; il semble que ce ne soit là qu'une coutume nouvelle que les habitants de Perpignan adoptent et dont le prince, reconnaît l'existence ainsi qu'il a l'habitude de le faire en pareil cas. Ici, comme autrefois, dans les municipes romains placés sous le contrôle des préfets de province, l'autorité, pour les affaires locales, réside dans l'assemblée du peuple, les comices, et le prince ne fait qu'homologuer les décisions qui y sont prises. Cette coutume nouvelle ne dut être que le complément et comme le couronnement de bien d'autres de même nature, et tout porte à croire que Perpignan avait, avant la charte, une organisation municipale de fait, à peu près complète. Dans sa charte, en effet, Pierre d'Aragon donne à cinq consuls l'administration de la ville, mais n'ajoute à cette institution aucun règlement de pratique.

Ce règlement était, par conséquent, antérieur à 1196 et l'institution consulaire ne fut qu'une forme d'administration nouvelle, greffée sur un principe immuable, qui avait déjà reçu son application pratique dans la vie quotidienne du peuple perpignanais: La souveraineté du peuple, au sujet des affaires locales, le contrôle du souverain, pour sauvegarder l'intérêt de la couronne et, par suite, l'intérêt général.

D'autre part Pierre II n'enlève point à ses baillis et viguiers, représentants de l'autorité royale, l'administration de la ville pour la donner au peuple. C'est donc que le peuple l'avait déjà.

Quelle était cette organisation municipale de fait antérieure à la charte ? Aucun document explicite ne nous la montre. Les peuples n'avaient point, en ce temps-là, l'habitude de créer de toutes pièces des constitutions uniquement basées sur les règles de ce qu'ils croyaient être la saine raison. Ils se laissaient plutôt guider par les besoins du moment et n'anticipaient pas, alors surtout qu'il s'agissait d'une ville en formation. Une coutume était adoptée en principe quand l'expérience de son application en avait démontré la nécessité ou les avantages.

Ce ne fut que plus tard, quand des classes se formèrent dans la population et que la lutte pour la prédominance politique s'établit entre elles, que l'on dut avoir recours aux règlements municipaux, aux constitutions factices, basés sur ce qui paraissait être la justice et la raison et non sur des faits et des besoins. Ces constitutions furent, d'ailleurs, éphémères. Mais avant 1196, c'était encore la Coutume qui régnait en maîtresse incontestée dans notre ville.

Dans son accord avec son roi le peuple de Perpignan insiste sur le droit de tous les habitants, grands et petits, à prendre part à la direction des affaires : C'est donc que le peuple tout entier avait toujours pris part aux délibérations et formulait des décisions de sa propre autorité. Mais quand la population s'accrut, il fut impossible d'appeler tous les habitants aux assemblées délibérantes. On prit alors l'habitude de confier la conduite des affaires aux meilleurs, aux plus sages, *probi homines* (par abréviation *prohoms*)[1]. Ces prohoms, que nous voyons intervenir plus tard dans la charte de Pierre II, étaient nommés par le peuple et tout ce qu'ils faisaient était censé émaner de sa volonté. Chaque métier, chaque corps d'état avait ses prohoms. Leur nombre n'était limité par aucune coutume, et de nouvelles catégories d'habitants, de nouveaux métiers, de nouvelles industries venant chaque jour créer de nouveaux intérêts particuliers dans cette population toujours croissante et de plus en plus entreprenante, les délibérations des comices devinrent, semble-t-il, bientôt confuses et finalement impossibles par la multitude des intéressés. La rapidité des décisions urgentes en souffrait et par conséquent la bonne administration des affaires publiques.

Les choses en étaient là lorsque Pierre II vint à Perpignan avec toute sa cour. Le roi, trop jeune encore pour gouverner, était remplacé par un conseil qui tenait en main ses intérêts. Les conseillers du jeune roi, voyant dans le trop grand nombre de prohoms le motif de ces discussions tumultueuses qui dégénèrent souvent en disputes et en violences parmi la multitude et qui, de ce fait, troublent l'union et la paix publiques, pensèrent, dans leur sagesse, qu'il était temps de concentrer le pouvoir sur la tête d'un petit nombre. Ils

---

[1] Dans la charte de Lérida de janvier 1149, on parle de *probi homines* dans certains cas de justice et de police. C'était donc un usage en Catalogne de confier aux *probi homines* certaines branches de l'administration.

créèrent cinq consuls et leur donnèrent toute l'administration
de la ville.

Toutefois, pendant plus d'un demi-siècle, après la charte,
nous ne trouvons aucun acte où il soit fait mention de
consuls[1]. N'usèrent-ils pas de leurs droits, et peut-on en
déduire que cette institution des consuls, accueillie sans
enthousiasme, ne répondait pas absolument aux aspirations
de la ville? On peut admettre qu'un certain nombre de ses
habitants se sont tenus dans une réserve prudente ou ombrageuse, comme il arrive presque toujours quand quelque chose
est innové ; mais le fait en lui-même nous semble s'expliquer
autrement.

Se sentant sans doute d'origine trop récente pour s'imposer
à leurs concitoyens avec toute l'autorité que leur octroyait la
nouvelle constitution, reculant d'ailleurs devant une responsabilité dont ils sentaient tout le poids, nos premiers consuls
s'occupèrent d'abord et surtout des affaires courantes et quo-
tidiennes de la Cité, qui suffisaient à absorber leur temps et
leur dévouement. Mais survenait-il une difficulté sérieuse,
une affaire délicate pouvant compromettre un intérêt important ou capital, ils en déféraient aussitôt aux *probi homines*,
toujours en honneur dans l'esprit du peuple dont ils étaient les
représentants, ils les convoquaient en assemblée et, sous leur
influence éclairée et bienfaisante, volontairement confondus
avec eux, ils signaient les comptes rendus des assemblées,
sans faire mention de leur titre de consul ; exemple vraiment
remarquable de prudence et de sagesse, qui témoigne à la

[1] En 1207, Pierre II déclare que tout homme qui possédera quelque chose
dans la ville ou son territoire devra contribuer à la construction des remparts ;
cette ordonnance a pour témoins nombre de nobles et de *probi homines*, mais
aucun consul n'y intervient.

fois de leur grand amour pour le bien public, et d'une absence totale de cette susceptibilité jalouse qui s'empare des âmes vulgaires dès que les honneurs et le pouvoir leur sourient [1].

Mais peu à peu les consuls acquirent plus d'assurance et quand l'institution eut pénétré tout à fait dans les mœurs, quand les consuls, par les égards et la gratitude qu'on leur témoignait, purent se rendre compte des grands services qu'ils pourraient rendre.à tous par une initiative plus ferme et plus personnelle, ils hésitèrent moins à traiter les affaires importantes. Le peuple de son côté, de plus en plus confiant dans la sagesse et le dévouement de ses chefs, s'abandonna sans réserve entre leurs mains. Dès lors ces derniers commencent à étendre leur rayon d'action.

Le 12 mars 1266, ils achètent à l'Infant Jacques, au nom de la Communauté de Perpignan, le droit de patronat de l'hôpital [2] ; le 19 octobre 1267 ils transigent, avec frère Arnaud, grand maître du Temple en Catalogne, au sujet du droit de fournage à Perpignan [3]. Quatre consuls seulement concourent à ces actes importants ; le cinquième a disparu et ne reparaît, sans qu'aucune charte le rétablisse, que sous Sanche de Majorque. Nous remarquons aussi qu'à l'époque où ces actes furent faits, la date de l'élection des consuls fut changée. D'après la charte de 1196, ils devaient être élus le 1er mars, mais les actes nous montrent des consuls différents en exer-

---

[1] 1230. Assemblée de prohoms. ARCH. COM. DE PERPIGNAN, AA 2, f° 51.
1264. Autre Assemblée de prohoms. *Cout. de Perp.*, f° 51.
1249. Le peuple décrète une nouvelle coutume relative aux poursuites pour dettes. Cette délibération porte le nom des opposants parmi lesquels il y a des *probi homines* de toutes classes, mais aucun signataire ne prend la qualité de consul. (Pièce citée par HENRY dans les *Preuves de son Hist. du Roussillon*).

[2] LIV. VERT MAJ., f° 52.
[3] LIV. VERT MIN., f° 46.

cice, le 19 mai 1267 et le 19 octobre suivant. La date de l'élection, on ne sait pour quelle cause ni à quel moment, avait été portée au 24 juin. La cause de ce changement réside, peut-être, dans le désir d'entourer de tout l'éclat de la fête patronale et éminemment populaire, l'élection des premiers magistrats de la cité.

Sous la sage administration de ces derniers, aidés et protégés par les rois d'Aragon qui s'étaient singulièrement attachés à leur bonne ville de Perpignan, notre cité marchait à grands pas vers son apogée. En 1273, année où se manifesta le premier choc entre le roi et le peuple, sa prospérité économique croissait de jour en jour concurremment avec ses droits politiques, et le peuple, toujours étroitement uni à son souverain, jouissant d'une entière indépendance avait irrévocablement affirmé sa prépondérance économique vis-à-vis des populations voisines. Les habitants de Perpignan formaient alors réellement, quelles que fussent la situation et la fortune de chacun, une *universitat*, un tout, dont le bloc homogène, par suite d'une tradition profondément enracinée, semblait encore réfractaire à toute prédominance de classe sensiblement marquée. D'ailleurs l'ennemi du dehors était encore trop menaçant pour permettre toute désagrégation des forces publiques par la rupture d'une union indispensable. Sous cette pression d'un intérêt commun et ressenti par tous avec une égale intensité, les Perpignanais avaient obtenu de leur prince le précieux privilège de la « Main armée » *(Ma armada* qui leur permettait d'employer la force pour venger les injures reçues et se défendre contre toute piraterie ou brigandage ; les mauvais usages avaient été abolis ; les barrières qui entravaient ou embarrassaient le commerce avaient été renversées : péages

royaux, leudes seigneuriaux, dîmes dues au clergé et droits
dus aux évêques avaient été rachetés[1] ; des remparts inexpugnables avaient été élevés ; des canaux d'irrigation sillon-
naient la campagne et la ville s'épanouissait au milieu
d'immenses jardins ; l'industrie des draps était déjà très pros-
père : les expéditions aventureuses de Jacques le Conquérant
avaient donné aux Catalans le goût du commerce, et le port
de Collioure, reconnu trop petit pour un trafic devenu de plus
en plus étendu, avait été agrandi[2].

Le moment, semble-t-il, était bien mal choisi, en 1273, pour
changer des institutions dont les résultats étaient évidemment
favorables à un développement qui s'accusait avec une si
grande puissance. Et pourtant, cette tentative, qui pouvait
avoir plus tard sa raison d'être, mais qui paraissait alors
inopportune, prématurée et contraire à une constitution consacrée par les coutumes, fut tentée par Jacques Ier. Ce grand
roi, homme d'action et de décision prompte, goûtait sans
doute fort peu les discours sans fin et les longs débats qui
caractérisent trop souvent les assemblées populaires. Les
réunions de prohoms, quoique devenues de moins en moins
fréquentes, l'étaient encore beaucoup trop à son gré. Il crut
donc convenable, sinon nécessaire, en vue des embarras que
pouvait donner dans l'avenir le nombre toujours croissant
des prohoms, de dispenser les consuls de leur demander leur
avis, et, repoussant une sorte de coopération qui lui paraissait

---

[1] ARCH. COM. DE PERPIGNAN, AA 2, f°s 100, 108, 193, sur l'exemption des
leudes royaux ;
ARCH. COM. DE PERPIGNAN, AA 2, f°s 29, 168, 95, 97 sur l'exemption des leudes
seigneuriaux ;
ARCH. COM. DE PERPIGNAN, AA 1, f° 132 sur le rachat des droits du clergé.

[2] Testament de Nunyo Sanche (GAZANYOLA, *Hist. du Roussillon*).

inutile ou funeste, il remplaça l'ancienne assemblée populaire
par un conseil de douze membres que les consuls nomme-
raient eux-mêmes, mais dont le choix devait être accepté et
approuvé par le bailli. Ce conseil, composé de Juristes et
d'hommes de science et d'expérience, avait pour mission
d'éclairer les consuls dans les questions difficiles ou délicates,
et d'empêcher ces décisions mal assurées que l'impressionnabilité populaire impose bien souvent à la suite de réunions
tumultueuses [1].

Mais, encore une fois, l'heure était mal choisie pour cette
innovation qui enlevait au peuple le droit de s'occuper des
affaires de la communauté par l'intermédiaire de ses représentants directs : les prohoms de chaque métier. Les métiers,
en effet, avaient leurs droits et se trouvaient organisés en vue
d'en pouvoir jouir. Chaque corps d'état élisait deux représentants (*sobreposats*), qui assistaient à toutes les réunions des
Prohoms et concouraient avec eux à l'examen et à la défense
des intérêts communaux. Enlever aux métiers cette puissance politique dont ils étaient jaloux et qu'ils n'auraient
jamais voulu abdiquer, c'était une faute et une injustice, car
on ne pouvait les accuser d'avoir démérité.

Les métiers protestèrent et toute la ville embrassa leur
querelle. L'ordonnance de 1273 eut contre elle la cité tout
entière, inspirée par le sentiment d'une solidarité qui prouve
bien l'intime union de ses habitants dans la défense des droits
de chacun. Les consuls donnèrent un exemple fort remarquable de résistance. Ils n'hésitèrent pas à contrevenir aux
ordres reçus. Ils ne nommèrent point les douze conseillers,

[1] LIV. VERT MIN., fº 23.

opposant à la volonté du roi cette résistance passive, cette force d'inertie, qui, en pareil cas, caractérise le dernier degré d'une opposition irrévocable ; et ce roi était Jacques le Conquérant, le plus grand des rois d'Aragon, qui éleva son royaume à un degré de puissance qu'il ne connut plus jamais. Le roi Jacques n'admettait pas, de la part de ses sujets, de semblables attitudes. Ces douze conseillers, qu'on lui refuse, il les nomme lui-même et il ordonne aux consuls de les réunir. Les consuls, toujours impassibles, n'en font rien. Voyant son autorité méconnue, le roi, dans son irritation croissante, suspend implicitement la charte de 1196 en nommant lui-même les consuls [1].

Ce coup d'autorité ne pouvait avoir de résultats durables, et tout semble établir qu'en 1315 l'ordonnance de Jacques le Conquérant, tombée en désuétude, n'était que très imparfaitement observée. Le roi Sanche, qui succéda à Jacques le Conquérant, se vit, en effet, dans la nécessité d'en renouveler le texte [2]; mais faisant droit aux légitimes griefs qui la rendaient impopulaire et s'inclinant devant les droits méconnus des corporations, il adjoignit aux douze conseillers de Jacques un certain nombre de délégués des métiers. Malgré cette concession, témoignage incontestable de la bienveillance royale, cette nouvelle constitution n'en fut pas moins fort mal accueillie. Les consuls ne s'y plièrent qu'avec une répugnance non dissimulée et les conseillers, se sentant impopulaires, ne répondirent pas à leurs convocations. Le roi Sanche, décidé à triompher d'une obstination qu'il jugeait sans fondements, résolut, le 10 des calendes de juin 1324, de

[1] 1277. ARCH. COM. DE PERPIGNAN, AA 1, f° 58.
[2] 3 mai 1515. LIV. VERT MIN., f° 100.

condamner à une amende de dix sols tout conseiller qui ne siégerait pas après avoir été régulièrement convoqué.

Perpignan dut s'incliner devant la volonté royale et le « Conseil de douzaine », bon gré mal gré, prit place dans les institutions municipales. Mais le but que s'était proposé Jacques le Conquérant par cette institution du Conseil de Douzaine fut-il atteint ? Non, certes ; car les assemblées de Prohoms n'en persistèrent pas moins, puisque nous les retrouvons jusqu'à la fin du royaume de Majorque, et les rois furent bien obligés de les tolérer. Suffisamment satisfaits, après tous ces conflits, de voir leur autorité respectée, en ce qui concernait le Conseil de Douzaine, ils feignirent sans doute de les ignorer.

Leur mansuétude alla encore plus loin et bientôt, fermant les yeux sur l'ambition d'un peuple si obstinément résolu à défendre ses traditions, ils renoncèrent à nommer les membres du Conseil de Douzaine et en laissèrent le choix et la nomination aux consuls eux-mêmes, dont l'autorité et l'influence chaque jour grandissantes allaient se manifester d'une façon singulière et bien digne de mémoire.

Ces magistrats, en effet, toujours fidèles à leurs devoirs et de plus en plus estimés depuis surtout qu'ils n'avaient pas craint d'entrer en lutte avec le pouvoir royal pour la défense des intérêts et des droits de la cité, étaient devenus comme ses chefs naturels et reconnus par toute la population reconnaissante de leurs services. Se voyant dans une situation aussi exceptionnelle, ils crurent même pouvoir bientôt s'affranchir ou se dispenser des formalités de l'élection ; exemple bien étrange d'une magistrature communale s'érigeant, avec l'assentiment de tous, en maîtresse de la cité. Nous voyons alors, en effet, les consuls élire eux-mêmes leurs successeurs et le peuple leur reconnaître tacitement ce pouvoir sans précédent peut-être dans l'Histoire.

Un semblable état de choses sur lequel il est bien permis d'insister pour en déduire une mentalité exceptionnelle toute à l'honneur et des consuls et de leurs administrés, prouve bien évidemment l'union parfaite des esprits et des cœurs dans notre cité perpignanaise pendant cette période. Le pouvoir s'y exerçait sans conteste pour l'avantage de tous les citoyens et le bien commun ; d'autre part, le respect de la justice, la probité des mœurs et la moralité dans les familles entretenaient chez ses habitants ce concours d'ordre général qui assure la prospérité publique et privée d'une société fidèle à ses traditions religieuses et politiques. Le commandement était juste et paternel, et le pouvoir, sous aucun prétexte, ne servait à l'avantage des uns au détriment des autres. Les Perpignanais, en laissant à leurs consuls la liberté d'élire leurs successeurs, ne se conformaient-ils pas à l'esprit de la charte de 1196 qui leur permettait de laisser les mêmes consuls en charge pendant plusieurs années, si le peuple était satisfait de leurs services ; ils ne faisaient qu'en consacrer le texte en en étendant la pratique.

Mais ce qui caractérisa cette époque de prospérité, ce qui donna à notre population perpignanaise, arrivée, vers le milieu du xivᵉ siècle, à un chiffre qu'elle n'a jamais plus atteint, une importance toute exceptionnelle, en augmentant sans mesure ses richesses avec sa renommée, ce fut sans contredit son amour pour la navigation et les sciences maritimes. Perpignan avait en effet ses galères, entretenues à ses frais, à la grande satisfaction de ses rois à qui elles rendirent de grands services ; ce fut pour les Perpignanais une source de privilèges nombreux et, en quelque sorte, exorbitants. Ces galères, dont les consuls surveillaient les armements, nommaient les capitaines et contrôlaient les dépenses, avaient l'inestimable avantage de protéger aussi une marine marchande nombreuse et hardie qui transportait les produits de la ville sur toutes les côtes de la Méditer-ranée, de la Mer Noire et bientôt jusqu'à Constantinople. A la suite de leurs compatriotes victorieux, les commerçants catalans pénètrent en Orient et y créent des débouchés pour les produits de la mère patrie[1]. Or, on comptait à Perpignan, en 1332, d'après Bosch, trois cent quarante-neuf fabricants de drap, occupant un ou plusieurs métiers et leur nombre dépassa bientôt cinq cents. Ses ouvriers avaient acquis dans cette industrie une telle maîtrise que les manufactures du Languedoc leur envoyaient leurs produits pour leur donner la dernière main. Légumes et céréales de toutes sortes abon-daient dans nos campagnes sillonnées et fertilisées par des canaux d'arrosage. Le commerce du fer tiré de nos monta-gnes et fabriqué dans nos célèbres forges catalanes vint ajouter un élément nouveau à l'importance de nos exporta-tions.

Il fallait de grands capitaux à des entreprises aussi vastes, à des exportations aussi lointaines. Les fortunes, pourtant immenses, qui s'étaient constituées par suite de cette poussée

---

[1] En 1302, l'Empereur demanda les secours des bandes catalanes qui restaient inoccupées par la fin de la guerre de Sicile. Ils délivrèrent Constantinople d'une invasion des Turcs.

extraordinaire vers toutes les productions industrielles et
agricoles dont notre riche contrée était susceptible, n'y
pouvaient plus suffire ; et voici que prennent naissance des
associations de commerçants, aux formes les plus variées,
suivant l'intérêt et les capacités des associés. Ceux-ci fournis-
sent les fonds, ceux-là les marchandises, d'autres enfin se
chargent de les vendre en lointain pays. Les brillants seigneurs
de la cour de Majorque ne croient pas déchoir en prêtant leurs
capitaux à ces sortes d'entreprises à gros bénéfices.

Toute cette activité commerciale et toutes les fortunes
qu'elle fit naître allaient conduire à d'infaillibles conséquences. L'antique équilibre social jusqu'alors existant dans notre
cité perpignanaise s'en trouva ébranlé. La classe riche était
née, maîtresse absolue de la situation et aspirant naturellement à diriger les destinées politiques de son pays. La
production capitaliste a surgi du fait même de l'extension
du commerce et du développement toujours plus hardi des
entreprises. Une nouvelle catégorie de citoyens possède la
plus grosse part des richesses publiques et elle croit avoir
d'autant plus le droit de gouverner que ses intérêts sont plus
considérables. En face d'elle, les métiers, irrémédiablement
amoindris par un nouvel état social qui leur enlève tout
prestige, toute influence sérieuse, voient la réalité du pouvoir
leur échapper. Ils ont lieu, d'ailleurs de se méfier des sentiments du roi Pierre IV à leur égard. Le roi d'Aragon ne veut
pas de leur prépondérance dans les affaires de la Cité. Les
aspirations de la classe riche deviennent chaque jour plus
évidentes. Les réunions des Prohoms ne sont elles pas de plus en
plus rares et vaines ? Toutes les affaires, ou à peu près, ne se

traitent-elles pas au Conseil de Douzaine, sous la direction des consuls? Par suite de la coutume qu'ont prise les consuls depuis près d'un siècle de nommer leurs successeurs et leurs conseillers, les chefs de métiers ne peuvent plus se faire illusion: le pouvoir leur échappe et une sorte de puissante aristocratie s'élève à leur place.

Les chefs de métier essaient alors de rompre avec la coutume et de remettre en vigueur la constitution de 1196. La charte de Pierre II ne donnait-elle pas au peuple tout entier le droit de nommer les consuls? mais les consuls, se basant sur une coutume déjà très ancienne qui leur donnait le droit de nommer leurs successeurs, opposent un refus formel à la demande des chefs de métier. La division s'accentue, chacun prétend défendre des droits incontestables; enfin, après des discussions sans issue, on décide, d'un commun accord, de porter le litige devant un arbitre accepté par les deux parties. Cet arbitre est le gouverneur même de la province qui, ne voulant pas être suspecté de partialité, réserve son opinion, décline une mission que sa dignité rend d'autant plus délicate et compromettante, et nomme à sa place, avec le consentement des intéressés, Guillaume de Pervis et Jacques de Faro.

Une nouvelle constitution va s'imposer, Perpignan, devenu une grande cité florissante où l'or abonde, a changé, sensiblement de mentalité et d'aspect. Mais, comme toutes les villes arrivées à leur apogée, ne va-t-elle pas trouver dans l'excès même de sa prospérité et de ses richesses, le germe de sa décadence par la défaillance des mœurs et le relentissement progressif de ses énergies?

CHAPITRE II

Institution Consulaire 1346-1463

Les antiques coutumes allaient être abrogées comme ne répondant plus aux intérêts d'une cité où la population est toujours croissante ; la vie intense et la distinction de plus en plus déterminée des classes semblaient réclamer une nouvelle hiérarchie, de nouveaux groupements se mouvant sous la suprématie reconnue d'une catégorie supérieure et dirigeante. Une nouvelle ère allait commencer, période pénible de tâtonnements et d'efforts sans cesse contrariés par l'ombrageuse susceptibilité des petits et les prétentions plus ou moins absorbantes ou justifiées des grands. Notre population perpignanaise allait essayer de se donner une forme d'administration communale, capable de contenter tout le monde, problème toujours difficile à résoudre. Elle ne devait aboutir qu'à produire une série de constitutions plus ou moins ingénieuses et compliquées qui, à peine votées et homologuées, étaient remplacées par d'autres tout aussi discutées et mal assises. Perpignan se débattit ainsi long-temps dans des difficultés de plus en plus grandes et qui, malgré la bonne volonté incontestable de ses dirigeants, l'empêchaient toujours d'atteindre son but.

La décision des arbitres, nommés par le gouverneur et acceptés par les parties, renversa l'ancien ordre des choses. Cette décision d'abord consentie par la majorité des habitants, puis homologuée par ordonnance du roi du 16 novembre 1346 [1], enlevait à la classe des bourgeois son antique composition homogène et affaiblissait sensiblement sa prépondérance en la lui faisant partager avec des hommes nouveaux, les *mercaders*. De cette incorporation des mercaders dans la classe bourgeoise devaient naître des conflits continus et troublants qui obligèrent les Perpignanais à avoir recours à tout instant à la sagesse du roi et de son conseil.

Nous ne pouvons que tracer un rapide aperçu de cette période longue et très confuse où nous verrons nos consuls, sans rien perdre de leur sérénité, toujours protégés par un prestige résistant à tous les orages, à toutes les alternatives, à toutes les compétitions s'agitant autour d'eux, conserver sans cesse une autorité qui ne fut jamais sérieusement contestée et ne fît que s'imposer de plus en plus à l'opinion publique.

La constitution de 1346, qui abrogea l'ancienne division en « grands et petits », la remplaça par une division nouvelle. Trois classes furent définitivement établies [2] :

1º La *Main majeure*, composée de bourgeois, fort imprudemment confondus avec les mercaders ou riches négociants,

---

[1] LIV. VERT MIN., fº 196. LIV. VERT MAJ., fº 208.

[2] Voici le passage du LIV. VERT MIN., qui règle la composition des trois Mains : « *Fuit declaratum quod sub manu majori comprehendantur burgenses et mercatores vitam honorabilem juxta vulgui opinionem facientes, sub manu vero mediocri comprehendantur paratores pannorum, scriptores et alii artem satis honorabilem exercentes, sub minori vero intelliguantur sutores sotularum, ortolani et ortes seu officia similia exercentes* ».

qui n'avaient fait partie jusqu'alors que de la classe des petits.

2° La *Main moyenne*, composée des légistes, des médecins et généralement de toute personne dont la profession était considérée comme assez honorable, par exemple les fabricants de drap.

3° La *Main mineure*, comprenant le petit commerce et la plus grande partie des ouvriers de métiers.

Dans ces trois classes, aux limites vagues, toute la population est comprise [1], sauf quelques habitants relativement peu nombreux et s'adonnant à des métiers réputés vils et qui, par suite, étaient exclus de toute fonction dans l'administration de la cité [2].

Tout pouvoir était donné aux consuls de juger en premier et dernier ressort les contestations qui devaient nécessairement se produire à l'occasion de la répartition des citoyens dans les diverses classes, comme pour la désignation des métiers vils.

Les réunions de prohoms proprement dites furent abolies, même à l'occasion de l'élection des magistrats municipaux. Sur ce point, les métiers furent complètement déboutés de leurs prétentions.

Les nominations des Conseillers et des Consuls furent réglées sur de nouvelles bases qui nous révèlent des tendances

---

[1] Les nobles ne sont pas compris dans le classement en trois mains ; ils avaient toujours été exclus du gouvernement de la cité.

[2] Cette division en trois classes existait en fait avant 1346, mais la limite d'une classe à l'autre n'avait jamais été fixée d'une façon précise. Voici un passage d'une ordonnance de Jacques le Conquérant (22 mai 1262) qui constate l'existence de cette division : *Statuimus quod de cetero, quandocumque et quotiescumque vos dare opportet nobis vel nostris aliquam talliam... eligatis ex vobis septem probos homines... tres de majoribus et duo de mediocribus et alios duo de minoribus.*
LIV. VERT MAJ., fol. 47.

utiles à constater. Huit jours après la Saint-Jean, les consuls devaient s'adjoindre les douze conseillers en charge pour procéder avec eux, à la majorité des voix, à l'élection des nouveaux conseillers. Le choix n'en était pas cependant absolument libre, car l'Ordonnance obligeait les consuls et conseillers électeurs à prendre quatre conseillers dans chaque *Main*. Les quatre conseillers de la *Main mineure* devaient, en outre, être choisis tous les ans dans des métiers différents pour que chaque métier se trouvât à son tour représenté au « Conseil de Douzaine ». Le lendemain, les consuls en charge, unis à ce nouveau « Conseil de Douzaine », choisissaient, à la majorité des voix, cinq consuls parmi les personnes les plus honorables de la ville. Le cinquième consul devait être toujours pris parmi les jardiniers habitant le quartier Saint-Jacques. Le choix des nouveaux consuls était soumis à l'approbation royale, la veille de la saint Jean. Évidemment les tendances aristocratiques de la nouvelle constitution se dessinent dans ce mode de nomination des consuls ; car, si ce nouveau mode d'élection ne confirme pas purement et simplement le droit coutumier, il laisse aux consuls sortants une influence fort remarquable pour la nomination de leurs remplaçants.

Le corps de ville ainsi constitué et accepté par le roi était investi du pouvoir d'administrer la cité pendant un an.

L'influence politique des métiers se trouvait à peu près anéantie par la nouvelle constitution. Aussi, le roi jugea-t-il indispensable de prévenir les plaintes et les troubles que ce nouvel état de choses pouvait provoquer par l'institution d'un Conseil général où les métiers seraient représentés dans la discussion des affaires publiques où l'intérêt de la commune serait plus particulièrement en jeu. Dans ce cas, l'Ordonnance royale faisait un devoir aux consuls de se faire assister par un certain nombre de chefs de métier qui, unis au Conseil de Douzaine, formeraient un groupement représentant toutes les forces vives de la population et constitueraient le Conseil général de la Cité. Cette présence des principaux chefs de métier dans une assemblée revêtue de toutes les apparences d'une assemblée délibérante et souveraine, n'était-elle pas suffisante pour contenter leurs aspirations vers une participation effective à la gestion des affaires publiques ?

Cette constitution de 1346 peut être considérée comme un compromis entre les « grands » et les « petits ». Les arbitres essaient de mettre d'accord les deux forces rivales en obtenant des concessions de l'une et de l'autre : la nomination des consuls par leurs prédécesseurs est admise avec des restrictions ; les prohoms ne se réuniront plus et seront remplacés par un conseil général. On croit ainsi contenter les « grands ». Toutefois les arbitres semblent craindre de leur avoir donné trop d'autorité, et ils diminuent leur prépondérance en la leur faisant partager avec les *mercaders*. D'autre part, ils s'efforcent de ménager la susceptibilité ombrageuse des métiers en classant dans la « Main moyenne » quelques-uns des plus honorables d'entre eux, et espèrent les satisfaire en les appelant au Conseil général pour discuter et résoudre les questions importantes.

Ces concessions ne furent pourtant pas trouvées suffisantes par les métiers qui s'insurgèrent les premiers contre la nouvelle constitution. Il est vrai que les Consuls, contrairement aux termes de l'Ordonnance, négligeaient de réunir le Conseil général. Le roi se vit obligé, à la suite de violentes protestations, de confirmer les termes de son Ordonnance dans un règlement de 1363 [1]. Il ne semble pas douteux que les consuls ne vissent dans les métiers un élément dangereux, turbulent et peu capable de prêter un concours utile dans les assemblées publiques. Aussi les voyons-nous s'efforcer avec persévérance de les écarter pour en conjurer l'influence.

Forcés par l'autorité royale de les subir et de les convoquer régulièrement au Conseil général, où les métiers ne cessèrent pas évidemment d'apporter leurs dispositions perturbatrices, les consuls cherchèrent à obtenir du roi de restreindre l'autorité du Conseil lui-même. A cet effet, ils firent ressortir que ces assemblées étaient toujours très tumultueuses et donnaient même souvent lieu à des violences et à des querelles. La principale cause en était dans la liberté laissée à chacun d'introduire à son gré dans l'examen des affaires publiques une multitude de propositions nouvelles ou de « points à discuter » en dehors des questions à l'ordre du jour : cela empêchait absolument l'assemblée de faire œuvre utile par le trouble et la confusion qui en étaient la conséquence [2].

Les faits et raisons exposés par les consuls durent être bien pertinents, car le roi accueillit favorablement leur supplique. Le Conseil général n'eut plus le droit de choisir ou proposer aucun *punt de concell*, en dehors de l'ordre du jour ;

---

[1] ARCH. COM. DE PERPIGNAN, AA 2, f° 238.

[2] *Com en los consells generals sia vist diverses vegades que per consellers, sots color de la publica utilitat eran proposats punts nous, ultra los punts que eran per los consuls proposats... e axi era disolt lo consell sens conclusio alguna, que era cosa molt ridiculosa e no utill.*
ARCH. COM. DE PERPIGNAN, BB 7, f° 359.

il n'eut plus qu'à statuer sur les « points » qu'il plairait aux Consuls de lui soumettre. La réalité du pouvoir était entre les mains des Consuls.

Cette opposition acharnée des métiers qui inaugura la nouvelle constitution fut longue et donna lieu à de nombreux compromis, à de multiples combinaisons, à une multitude d'essais plus ou moins ingénieux mais toujours compliqués sur lesquels nous ne pouvons jeter qu'un rapide coup d'œil, mais qu'il est impossible de passer sous silence parce qu'ils caractérisent le génie particulier de la population perpignanaise pendant cette crise qu'on pourrait appeler constitutionnelle.

Les métiers continuent de protester contre un état de choses qu'ils considèrent comme une déchéance. Chaque élection leur devient une occasion de susciter des troubles. Parmi les mécontents, les ouvriers drapiers se font remarquer par leur turbulence; pour les calmer, on leur fait des concessions, on leur offre de partager avec les jardiniers le privilège de donner un consul à la ville. C'est en vain : ce ne sont point des bribes de pouvoir que veulent les ouvriers ; ce sont tous leurs antiques droits politiques qu'ils réclament. Mais les consuls ne se laissent point intimider. Le 25 mars 1360, ils font « l'amalgame » des métiers et, se fondant sur un ordre exprès du roi, ils groupent en un seul métier tous ceux qui ont entre eux quelque affinité[1]. Après cette mesure quinze métiers seule-

[1] ARCH. COM. DE PERPIGNAN, AA 2, f° 227. Désormais il y eut quinze offices. Les voici par rang d'honorabilité : *Parayres, Scrivans, Sastres, Pelissers, Tixedors, Speciayres, Fusters, Sabaters, Fabres, Mercers, Aluders, Tenders, Avanturers, Masellers, Ortolans.*
Pareurs, Notaires, Tailleurs, Peaussiers, Tisserands. Epiciers, Menuisiers, Cordonniers, Forgerons, Merciers, Maroquiniers, Revendeurs, Charretiers, Bouchers, Jardiniers).

ment restèrent officiellement reconnus ; et, comme chacun
d'eux n'élisait que deux *sobreposals*, il n'y eut plus au Conseil
général que trente représentants de métiers. Bien plus, en
1395, prétextant les désordres qui ne manquaient pas de se
produire à chaque élection des *sobreposals*, les consuls, dans
un but d'apaisement, ne craignent pas de modifier l'organisation politique des métiers [1]. Désormais les *sobreposals*
auront un conseil plus ou moins nombreux selon l'importance de la corporation à représenter ; les *sobreposals* sortants
nommeront les conseillers de leurs successeurs et, avec
l'assistance de ces conseillers, ils éliront, à la majorité des
voix leurs successeurs eux-mêmes. Dans quelques offices, les
sobreposals résistent à l'ordonnance consulaire et ne nomment
point leurs conseillers. Les consuls les leur imposent alors,
et, vers 1398, la réforme semblait définitivement acceptée,
avec cette très importante concession que les notables des
métiers avaient le droit de se réunir pour délibérer sur leurs
affaires corporatives [2].

C'était enlever à la généralité des ouvriers l'élection de leurs
représentants pour la faire passer à des coteries qui ne
devaient pas tarder à se former au sein de chaque métier ;
c'était, au fond, porter une grave atteinte à l'intérêt collectif
des corporations en les livrant aux luttes de personnalités
toujours jalouses les unes des autres, et jeter en elles un
ferment de discordes et de violences. Des groupements se
forment entre parents et amis constituant des bandes, « bandosités », qui se refusent, dans leur querelles, à recourir à
l'arbitrage des magistrats municipaux et se font justice elles-

---

[1] 2 juin 1395. Arch. com. de Perpignan, BB 7, f° 164.
[2] Arch. com. de Perpignan, BB 7, f° 252.

mêmes, les armes à la main. Les désordres furent tels que
l'on dut recourir à l'intervention royale : les métiers envoyè-
rent au roi Martin trois syndics pendant que les consuls et les
conseillers lui envoyaient aussi des messagers. Les débats
entre les deux parties s'ouvrent devant le roi assisté de son
Conseil et, après de longues discussions, une nouvelle constitution est formée. Dans la nouvelle constitution, (*Nou régiment*)[1], plus démocratique que celle de 1346, le roi Martin
croit trouver la solution du conflit.

Nous ne donnerons que les grandes lignes de cette nouvelle
forme de gouvernement, qui, en principe, dura un demi-
siècle environ, mais qui, en fait, fut presque constamment
violée.

Le Conseil général se composa de soixante membres,
consuls non compris, choisis par égales parts dans chaque
classe. Les consuls étaient nommés par ce Conseil d'une
façon assez singulière qui fait supposer, qu'en matière électorale, nos pères n'étaient pas exempts de certains sçupçons
qui entretenaient dans leur esprit une méfiance plus ou moins
fondée : les conseillers de la Main majeure, unis aux deux
premiers consuls en fonctions, élisaient trois candidats pour
la place de premier consul. On écrivait leur nom sur trois
languettes de parchemin absolument semblables ; ces languettes étaient recouvertes de cire pétrie en boules absolument identiques et ces boules étaient jetées dans un bassin
plein d'eau. Un enfant de moins de sept ans choisissait une
de ces boules et le nom qu'elle renfermait était celui du
premier consul.

[1] Privilège de *nou Regiment*, 23 août 1402. LIV. VERT MIN., f° 316.

4

On agissait de même pour choisir les consuls à prendre
dans une autre « Main », toutefois c'étaient les conseillers de
cette « Main » qui nommaient les trois candidats.

Par ce règlement, le roi Martin pensait ramener dans la ville
la concorde et l'union, il croyait, en introduisant les métiers
au Conseil général, satisfaire leurs prétentions et faire taire
les mécontents. Il essaie d'abaisser les barrières que la
Constitution de 1346 avait établies entre la Main moyenne et
la Main mineure pour contre-balancer, par leur union,
l'influence de la Main majeure. Il ne les sépare pas, en effet,
pour l'élection de leurs représentants. Les trois derniers
consuls, avec les syndics de métier qui étaient conseillers,
nommaient sept personnes de la Main moyenne qui, avec ces
trois derniers consuls, formaient les dix premiers conseillers
de la Main moyenne. Les trente autres conseillers étaient les
sobreposats des quinze corporations résultant de l'amalgame ;
de ces dernières, cinq étaient de la Main moyenne et dix de la
Main mineure. Par leurs *sobreposats*, ces corporations de la
Main moyenne complétaient leur propre conseil.

Les *sobreposats* des autres corporations composaient le
conseil de la Main mineure.

Evidemment cette ordonnance de 1402 est plus démocratique que celle de 1346, puisque les métiers entrent au conseil
permanent des consuls dans la personne de leurs sobreposats,
qui sont pour eux des représentants plus directs que les
quatre conseillers choisis par les consuls dans la classe
ouvrière, pour la représenter au conseil de douzaine. Cependant cette constitution n'avait de démocratique que l'apparence ; en fait, la haute classe conservait la suprématie,

puisque un seul consul était pris dans la Main mineure. Aussi les troubles reprirent-ils de plus belle et la ville fut le théâtre de querelles qui souvent finissaient dans le sang. Les antiques guerres privées semblaient revenir dans les mœurs, et c'était au sein même de la ville qu'elles se manifestaient. Le roi Martin, voyant que l'autorité des consuls était insuffisante pour protéger les personnes et les propriétés, intervint alors lui-même par une mesure de police que nous trouvons rapportée dans les registres de la commune [1]. Le 19 mars 1405, Martin ordonne au gouverneur et aux autres officiers royaux, de faire arrêter, quand les consuls le leur demanderont, tout individu, habitant Perpignan ou étranger, qui susciterait des rixes, des querelles ou des « bandosités » dans la ville, et qui troublerait l'ordre public. Tout étranger, reconnu coupable, sera banni de la ville à la requête des consuls.

Mais ce n'est pas par une simple mesure de police qu'on peut arrêter des excès qui s'attaquent à l'organisation sociale tout entière, et dont les causes multiples, entretenues par le caractère emporté de tout un peuple divisé contre lui-même, échappent le plus souvent à une analyse raisonnée et concluante.

Ce règlement de Martin n'était qu'une faible barrière opposée à la violence des discordes populaires. Les luttes intestines continuèrent et arrivèrent à leur paroxysme pendant l'interrègne de Martin, favorisées par le désarroi des affaires du royaume : Cinq prétendants se disputaient la couronne d'Aragon et les représentants des provinces ne savaient à qui se donner. Tandis que chaque prétendant

[1] Liv. vert min., f° 329.

garnissait les frontières d'armées menaçantes et que la vie publique était pour ainsi dire suspendue, les métiers pensèrent que le moment était bien venu pour faire leur coup d'état et reprendre par la force, puisqu'ils étaient le nombre, le pouvoir qui leur échappait. Mais ils comptaient sans le gouverneur des provinces de Roussillon et de Cerdagne, Raymond de Çagarriga.

En l'absence du roi, le gouverneur de ces provinces se trouvait investi du pouvoir royal, et Raymond de Çagarriga en profita pour modifier l'ordonnance de 1402 [1]. En présence des désordres causés par les gens de métier, il permet aux consuls et au Conseil général de choisir de nouveaux consuls qui seraient tous pris, même les trois derniers, dans la Main majeure. Dans le remarquable préambule de cette ordonnance de 1411, il donne les raisons de cette violation des coutumes : « Empêcher le peuple de marcher dans les ténèbres et de tomber dans l'erreur pendant cette vacance du trône ; faire que le successeur légitime qui serait donné au roi trouvât le peuple de Perpignan en paix et concorde. Dans ce but, il lui paraît raisonnable et nécessaire de voir la ville régie et gouvernée décemment et convenablement, en élevant aux offices publics des personnes prudentes, de bon conseil, de grande prééminence, de vie irréprochable, craignant Dieu par dessus tout, nullement avides de la propriété d'autrui, ni usurpatrices ni envieuses des biens de la communauté ».

Les résultats de cette ordonnance de 1411 répondirent-ils aux espérances du noble et énergique gouverneur ? Sans doute les métiers en furent-ils sérieusement atteints, et la masse

[1] 10 juin 1411. LIV. VERT MIN., f° 367.

populaire, ainsi réfrénée dans ses excès et ses luttes violentes, rentra-t-elle dans un calme relatif ; mais en concentrant toute l'autorité dans la Main majeure, dom de Çagarriga n'avait pas pensé que cette Main majeure, depuis la Constitution de 1346, n'était plus homogène et que l'introduction des *mercaders* dans cette classe y avait apporté un ferment de jalousies et de discordes qui ne pouvait que s'accroître par ces divisions et ces rivalités de personnes et de familles qui sont la ruine des cités. C'est, en effet, ce qui advint, et cette époque, de plus en plus confuse et dont les détails échappent à l'historien qui cherche en vain dans les manuscrits de ce temps-là, à s'éclairer sur la suite des événements et sur leurs conséquences, nous offre le triste tableau d'une incohérence de conduite de la part des uns et des autres absolument inexplicable. Le mouvement populaire avait changé de terrain et de caractère, et dans ce désordre général, fièvreusement entretenu par des querelles continuelles de personnes, chacun cherchait à dominer son rival en attirant à soi un plus grand nombre d'amis et de partisans de tout rang et de tout ordre.

Tout était brouillé à Perpignan, à l'avènement de l'Infant de Castille au trône d'Aragon, sous le nom de Ferdinand Ier [1] et il semblait impossible d'y rétablir la paix autrement qu'en enlevant à la Ville l'autorité dont elle avait désappris à se se servir. Toutefois le roi recula devant une mesure aussi radicale et ne toucha qu'avec ménagements aux privilèges accordés à leurs sujets par ses prédécesseurs.

C'est de cette époque, semble-t-il, que date le système électoral connu dans nos chartes sous la dénomination étrange

[1] 25 juin 1412.

de *Regiment partit pel mitg* ou « Règlement de partage en deux parts égales », imposé par Ferdinand, dans un but de pacification entre les deux principaux partis qui divisaient la cité. D'après ce système, les deux partis concouraient également au gouvernement des affaires publiques, puisque la ville était administrée par cinq consuls dont deux étaient pris dans un parti et trois dans l'autre et que, l'année suivante, le parti qui avait fourni les deux premiers fournissait les trois derniers. De plus, ces consuls étaient assistés par un conseil de douze membres pris par égales parts dans chaque parti.

Mais l'autorité si débonnaire du roi Ferdinand fut méconnue, et les Perpignanais, refusant de se soumettre à cette nouvelle combinaison, ne craignent pas de procéder aux élections selon la forme condamnée par l'ordonnance royale. Dans cet état d'anarchie, où tout semble permis à un peuple qui n'obéit qu'à ses passions et à ses entraînements, ils opposent aux ordres et aux défenses du Gouverneur et du Viguier une résistance systématique. De plus, contrairement aux constitutions du royaume d'Aragon sur le change des monnaies, ils usent communément des monnaies étrangères et particulièrement des écus blancs de France. Un esprit d'indépendance sans frein se manifeste de tous côtés à la fois, et le roi Ferdinand, pour enrayer la marche de plus en plus envahissante, en est réduit, dans les premiers jours de l'année 1417, à exiger des habitants une soumission complète et absolue.

Nous n'avons pu découvrir par quel moyen l'Infant Alphonse, qui s'occupait en ce moment des affaires du royaume, pendant la maladie de son père Ferdinand, réussit à obtenir cette soumission dont la réalité ressort cependant d'une ordonnance de l'Infant du 7 février 1417 [1] où, nous lisons qu'un certain nombre de magistrats municipaux rebelles furent suspendus de leurs fonctions. On peut croire que les efforts du roi, dans cette grave circonstance, furent puissamment inspirés et secondés par la droite et ferme énergie de son représentant, dom de Çagarriga.

Le roi Ferdinand mourut le 2 avril 1417 et l'Infant Alphonse lui succéda.

L'influence du long règne d'Alphonse V [2] d'Aragon, sur les troubles et les désordres de Perpignan à cette époque, devait revêtir un caractère d'une importance capitale et finalement décisive. Mais aussi de quelle étude persévérante, de quelle sollicitude inlassable Perpignan ne fut-il pas l'objet de la part de ce roi et surtout de la reine, appelée à le remplacer dans le gouvernement de ses États pendant ses fréquentes absences ! Cette longue période de transitions devait aboutir, en effet, en 1449, après bien des alternatives pénibles et laborieuses, à la fameuse constitution de la Reine Marie. Nous devons relater rapidement les principaux événements qui amenèrent graduellement la fin d'un mal qui paraissait sans remèdes, mais qui n'était que la conséquence, si l'on regarde bien au fond, de la confusion des classes et de l'absence, dans le gouvernement de la cité, d'une élite reconnue par tous comme dépositaire d'une autorité reconnue nécessaire et imposante.

[1] LIV. VERT MIN., T. II, f° 375. Cette charte est datée du 7 février 1416, mais le roi déclare en outre que cette charte est rendue la cinquième année de son règne. Or Ferdinand de Castille fut élu roi d'Aragon le 25 juin 1412 (Voir l'acte d'élection de Ferdinand, LIV. VERT MIN., T. II, f° 407). Donc la date de l'ordonnance est bien le 7 février 1417.

[2] 2 avril 1417 au 28 juin 1458.

C'est à Valence, à l'occasion de son avènement au trône d'Aragon, qu'Alphonse V reçut la délégation perpignanaise accourue pour lui rendre hommage. Elle était composée de membres des deux partis, et l'audience royale dut revêtir un caractère particulier d'affectueuse et séduisante grandeur. Les deux partis, sollicités par le monarque avec une irrésistible bonne grâce, prêtèrent entre ses mains le serment de réconciliation et acceptèrent définitivement pour l'avenir le « Règlement du partage en deux parts égales » dans lequel le roi voyait la plus sûre garantie des droits de tous. Cependant, comme ce mode d'élection ne paraissait pas encore suffisamment mûri et susceptible d'être pratiqué sans difficultés, et que l'époque d'élire les magistrats était proche, le roi, à la demande des consuls, écrivit au gouverneur, Raymond de Çagarriga, le 29 mai suivant, de permettre, pour cette fois, que les élections eussent lieu conformément à l'Ordonnance du roi Martin, mais en prenant la moitié des magistrats dans chaque parti [1]. La forme de l'élection fut seule maintenue ; mais la liberté dans le choix des magistrats n'en était pas davantage reconnue.

Cependant Alphonse, dans son grand désir d'aboutir à la pacification des esprits et de rétablir l'union dans la cité en désarroi, confiant d'autre part dans une détente plus apparente que réelle, s'efforçait d'élaborer une constitution municipale qui rendît au peuple toutes ses libertés. Il fit paraître à cet effet, le 16 octobre 1417 [2], une Ordonnance rétablissant dans leurs fonctions les magistrats qu'il avait suspendus sous le règne de son père. Cette Ordonnance rétablissait

[1] LIV. VERT MIN., t. II, f⁰ˢ 376 et 379.
[2] LIV. VERT MIN.. t. II, f⁰ 391.

l'ancien Conseil institué par le roi Martin, en y adjoignant les deux consuls de mer nouvellement créés « personnes sages, de bon conseil et expertes dans les affaires ». Les consuls avaient le pouvoir de classer les citoyens dans les différentes mains, les deux premiers s'occupant spécialement de la Main majeure, et les trois autres aidés des conseils de six personnes de la Main moyenne choisies par eux, s'occupant de cette dernière main. En outre, Alphonse, se basant « sur l'expérience maîtresse de toutes choses », constate que le tirage au sort des consuls est funeste et ne peut être maintenu, le sort tombant quelquefois sur les personnes le moins éclairées. Le tirage au sort est donc remplacé par le choix. Mais pour ne point permettre à une coterie de garder toujours le pouvoir, il décide qu'un consul ne pourra être réélu que deux ans après l'expiration de son premier mandat. Le roi envoie en même temps son pardon aux habitants de Perpignan, confiant dans leurs serments et formant des vœux pour leur union dans l'intérêt de tous.

Sa confiance était prématurée ; il ignorait encore, quand il rendit l'Ordonnance du 16 octobre 1417, les déplorables conditions dans lesquelles s'étaient accomplies les élections du 24 juin. Elles avaient eu lieu au milieu du désordre et les tisseurs de draps s'étaient fait encore remarquer par leurs violences. L'Ordonnance du 29 mai avait été violée, soit qu'elle eût été mal interprétée par les uns, mal défendue par les autres ou qu'elle eût provoqué, surtout du côté du peuple mutiné, une résistance plus ou moins raisonnée. Ces élections, faites sous la pression de la populace, ne présentèrent aucune garantie de sincérité et, au milieu du désordre grandissant, un appel fut fait au roi contre leur validité. Toujours prêt à intervenir et à user de son influence et de son autorité en toute occasion, le roi écrivit alors à Çagarriga une lettre du 24 novembre [1], lui ordonnant de procéder à une enquête et, en outre, de valider les élections contestées, s'il était constant que les élus faisaient partie par moitié des deux clans rivaux, et de les annuler dans le cas contraire. Alphonse s'obstinait à voir dans le système du *Regiment partit pel mitg* une solution à tous les conflits, et sa confiance se manifesta encore, le 18 février 1418, dans une Ordonnance [2] où il statue qu'en cas de décès d'un consul ou d'un conseiller, il sera immédiatement remplacé pour que l'équilibre entre les partis ne soit pas détruit.

Et pourtant, malgré ces interventions constantes de la part du roi, qui ne laissent pas sans doute d'impressionner cette population égarée mais naturellement sensible aux soins attentifs dont elle est l'objet, chaque parti s'obstine encore à vouloir tout pour lui, et le trouble continue. Mais le roi multiplie ses Ordonnances sans se lasser : le 13 mai 1418 [3], il fait à nouveau procéder aux élections selon le règlement imposé, et, ayant eu vent sans doute de la mauvaise volonté des métiers, il leur ordonne, le 19 mai suivant, de cesser leur résistance [4]. Cependant par suite d'une intervention royale aussi fréquente et obstinée, un certain esprit de conciliation semble succéder à la violence des compétitions et au désordre général. Une entente se conclut entre les consuls, le Conseil général et les *sobreposats* des métiers, sous les auspices du

[1] LIV. VERT MIN., t. II, fº 376.
[2] LIV. VERT MIN., t. II, fº 403.
[3] LIV. VERT MIN., t. II, fº 396.
[4] LIV. VERT MIN., t. II, fº 402.

gouverneur « qui s'y est associé de la façon la plus louable pour la pacification de la ville et l'intérêt présent et à venir des habitants ». Alphonse est tout heureux d'en approuver le fond et la forme dans une Ordonnance du 30 octobre 1419 [1] qui rétablit, à peu de chose près l'Ordonnance de Martin, sauf en ce qui concerne les consuls qui seront toujours nommés directement par le Conseil et non par voie du tirage au sort. « Les consuls, dit l'Ordonnance, seront pris cette année, le premier et le second dans la classe des bourgeois et des mercaders honorés de la Main majeure, et les autres trois, c'est-à-dire le troisième, le quatrième et le cinquième seront pris dans les deux autres mains, tout en conservant expressément dans la dite élection le privilège de la paroisse Saint-Jacques, qui se compose de trois catégories de personnes : les tisseurs, les jardiniers et les gens appelés du commun. Il est bien entendu que le consul nommé et élu, cette année, par la dite paroisse sera pris parmi les tisseurs, l'année suivante parmi les jardiniers, et, la troisième année, parmi les gens du commun [2] ».

L'ordonnance du 30 octobre, fait, en outre, à l'opinion populaire une concession importante : les deux consuls de mer sont écartés du corps municipal [3]. Nous avons vu que leur

---

[1] LIV. VERT MIN., t. II, fᵒ 410.

[2] *Axi que lo primer et lo segun sien burgesos o mercaders honrrats de la ma major, e los altros tres, ço es tercer, quart et quint, sien de la ma mijana, servat tot temps en la dita electio lo privilegi de la paroquia de Sent Jacme... que es poblada de tres conditiones de persones, ço es : texidors, ortolans et altres appelats comuns ; sia provohit en nominacio e electio d'el dit consol hun any de texidor, altre de ortola, et altre des comuns.*

[3] Les Consuls de mer avaient été créés pour juger les causes maritimes (22 décembre 1388, LIV. VERT MAJ., fᵒ 280). Leur choix avait été confié aux Consuls. Une ordonnance du 26 juillet 1393 permit aux Consuls de Mer de

présence y avait été imposée par le roi qui croyait faire un
don précieux au Conseil en lui adjoignant deux personnes
de valeur et de grand sens; mais le peuple avait toujours fait
à cette innovation une opposition irréductible et n'avait
jamais voulu reconnaître ces deux auxiliaires qu'il ne s'était
pas librement donnés. Le nombre des conseillers était donc
de soixante, consuls non compris, comme du temps du roi
Martin.

Pendant une douzaine d'années environ jusqu'à la Constitution de la reine Marie, la ville de Perpignan, ainsi régie par
une constitution constamment maintenue par la volonté
royale et aussi, peut-être, par l'impuissance même d'une
population sans cohésion et incapable de trouver un régime
plus efficace à guérir son mal, traîna une existence pénible
mais sans secousses violentes. Il semble même qu'elle se sen-
tit travaillée par un certain besoin d'apaisement et par un
vague sentiment de la vraie cause de ses discordes. Ayant
compris, en effet, qu'un conseil général aussi nombreux était
un obstacle à la solution des affaires importantes et au secret
qui devait souvent entourer certaines délibérations, elle rétablit le conseil de Douzaine, tant détesté jadis, en instituant
douze conseillers auxquels on donna le nom de *tractadors*,
pris par égales parts dans chaque « Main » et qui furent
chargés d'élire les consuls, après avoir été élus eux-mêmes
par le Conseil général. Une Ordonnance du 12 juin 1431 [1] donne
la réglementation de ces élections sur un nouveau mode assez

connaître de toutes les affaires commerciales. Le mode de nomination des
Consuls de Mer subit les mêmes variations que celui des autres officiers
municipaux.

[1] LIV. VERT MIN., t. II, fº 435.

ingénieux, mais toujours passablement compliqué : la veille
de la Saint-Jean, les consuls en charge doivent remettre au
notaire écrivain du consulat une bourse contenant autant de
boules qu'il y a de conseillers généraux de chaque « Main ».
Quatre de ces boules sont blanches et toutes les autres sont
noires. Le notaire appelle chaque conseiller par son nom,
chacun tire une boule et les quatre conseillers qui tirent les
boules blanches seront les *tractadors* de l'année. Chaque
Main en fait autant pour les siens. Ainsi constitués les douze
tractadors procèdent à l'élection des consuls. Après un serment
solennel, ils se retirent dans la salle des clavaires et choisis-
sent, pour chaque consul à nommer, trois personnes qui leur
paraissent dignes et capables d'occuper cette haute fonction.
Rentrés dans la salle du Conseil général, ils proclament les
quinze personnes désignées parmi lesquelles seront choisis
les cinq consuls, et ils procèdent à leur élection en déposant
dans une urne, à l'appel de chacun d'eux, une boule noire ou
blanche. Celui des candidats de chaque groupe qui réunit le
plus grand nombre de boules blanches est définitivement
nommé consul.

La pratique de ce mode d'élection, aux multiples degrès et
greffés sur une prétendue souveraineté populaire, en démon-
tra peu à peu les lacunes et les défauts. Le jour pénétrait
dans les esprits, grâce à ce bons sens perpignanais qui n'eut
jamais d'autre ennemi qu'une impressionnabilité excessive
de tempérament et une ombrageuse susceptibilité. Il fallait
aller plus avant dans les réformes et faire accepter par tous,
comme nécessaire au bien public et condition indispensable
d'apaisement définitif, la prépondérance des meilleurs et
des plus dignes dans le gouvernement de la cité. Il fallait

revenir à l'antique tradition qui présidait jadis à la répartition des citoyens dans l'échelle sociale, à la suprématie
hiérarchique et prépondérante des bourgeois.

Nous avons vu que le roi Pierre IV, par sa constitution de
1346, avait fait passer les mercaders de la Main mineure dans
la Main majeure. Il avait tenu, par cette faveur singulière et
bien imprudente, à récompenser la riche classe des commerçants de l'appui très efficace qu'elle lui avait prêté dans
sa lutte contre Jacques II pour mettre fin au royaume de
Majorque. Nos mercaders, dont cette lutte compromettait
gravement les intérêts, avaient, les premiers, abandonné la
cause de leur roi Jacques et arboré à Perpignan la bannière
d'Aragon.

Cette élévation à la Main majeure des mercaders, mis
ainsi au même rang que les bourgeois dont le peuple perpignanais reconnaissait sans difficulté la suprématie, avait
rompu l'équilibre social et démoli l'autorité bienfaisante et
incontestée de l'élite. Chacun, en effet, se rappelait l'origine
du mercader. On l'avait vu travailler de ses mains ou vendre
sa marchandise au détail avant de se lancer dans les grandes
entreprises qui l'avaient enrichi. Les petits commerçants et
les ouvriers le considéraient toujours comme un égal que la
fortune avait favorisé. Ses immenses richesses prenaient
toute son activité ; aléatoires et mal assises, elles pouvaient
s'écrouler et le rejeter dans la classe des petits d'où il sortait
à peine. Plein de vanité et d'ambition, il s'étudiait à écraser
de son luxe effréné l'élégance sage et de bon aloi du bourgeois.
De là ces folies de dépenses qui marquent, à Perpignan, le
milieu du xive siècle, apogée de son commerce. Peu habitué
à l'usage des richesses, le mercader en abuse et les met au

service de ses passions ; ses mœurs sont très relàchées et sa vie trop souvent peu honorable. D'autre part, il met, sans trop de scrupule, au service de ses affaires propres, le mandat que le peuple lui a confié. Beaucoup plus nombreux que les bourgeois, qui ne comptaient à cette époque qu'une trentaine de familles pouvant se prévaloir de cette distinction exceptionnelle, les mercaders avaient contribué, pour une grande part à dépouiller la Main majeure de l'incontestable prestige dont elle jouissait avant 1346, et ce manque de respect et d'estime avait fatalement provoqué dans le peuple cet esprit d'indépendance et de révolte dont les métiers avaient été les premiers à donner de si déplorables exemples.

Et pourtant la notion de classe était restée vivante parmi la population perpignanaise ; elle n'avait rien perdu de sa valeur hiérarchique, et les métiers eux-mêmes en subissaient encore l'influence salutaire. Le peuple comprenait la nécessité d'une élite à qui revenait de droit, dans l'intérêt de tous, la direction des choses publiques, et s'inclinait sincèrement devant les vertus de cette bourgeoisie bienveillante, prudente et sage, qu'il reconnaissait seule capable d'apaiser les discordes et de maintenir, même pour lui, les libertés convenables.

La vraie bourgeoisie perpignanaise avait certainement à cette époque de grandes vertus. Réfléchie et consciente, elle s'était toujours montrée jalouse de conserver dans la cité cette réputation et ce prestige que lui avait mérités son dévouement bien connu à l'intérêt général. Sa fortune, bien établie, nécessitait peu de soins et lui permettait de tourner toute son activité vers la recherche du bien public. Les loisirs du bourgeois lui permettaient de se perfectionner dans le maniement des armes, et il était considéré par le peuple, naturellement jaloux et fier de ses succès dans les luttes privées, comme un officier né de la *Ma armada*. Nul ne le voyait troublé ou préoccupé de ses affaires personnelles ; sa fortune, placée en rentes sur la Ville pour la majeure partie, se confondait avec les richesses de la Ville elle-même ; veiller à la sûreté et à la prospérité de la Ville, c'était donc pour lui veiller au bon revenu et à la sûreté de sa propre fortune. Au regard de tous, l'origine des familles bourgeoises se perdait dans les lointains de l'origine même de la cité et bénéficiait des légendes dont les Perpignanais se plaisaient à entourer le berceau de leur patrie. Accoutumé dès l'enfance à l'usage des richesses, il les considérait avant tout comme un moyen de tenir convenablement son rang et d'accroître son influence.

C'est à la reine Marie que revient l'honneur d'avoir su découvrir dans l'esprit de la population perpignanaise, ce retour, plus ou moins conscient vers la discipline traditionnelle, qui n'attendait qu'une occasion de se manifester par l'acceptation unanime d'une réforme reconnue nécessaire. Cette reine, douée de qualités éminentes, lieutenant général (*llochtenent general*) du royaume d'Aragon pendant l'absence du roi constamment occupé par ses expéditions en Italie, ne craignit point d'affronter l'orgueil des Mercaders, par une Constitution nouvelle qui les rejetait dans la classe moyenne d'où ils pouvaient toutefois s'élever à la Main majeure par étapes successives, après un stage suffisant, et quand leur opulence pouvait être établie aux yeux de tous sur une situation d'une stabilité et d'une honorabilité incontestables.

Ce fut le 18 août 1449 [1] que fut instituée cette nouvelle et

---

[1] LIV. VERT MIN., t. II, f° 481.

définitive constitution appelée *Regiment de la forma nova*, mais qui conserva aussi toujours le nom de la grande Reine à qui on la devait. Comme toujours le souverain n'y intervient que pour homologuer les décisions du peuple qui a recouru à son arbitrage. Le préambule de l'Ordonnance de la Reine Marie est très explicite sur ce point : « Au nom de Dieu et de sa glorieuse Mère Marie, la très haute et très excellente dame dona Maria, par la grâce de Dieu reine d'Aragon, choisie d'un commun accord pour arbitre et amiable compositeur entre les parties ci-dessous nommées ; vu le compromis soumis à Sa Seigneurie sur la pacification et la forme nouvelle du régime de la ville de Perpignan et autres choses décrites et exprimées dans le dit compromis, lequel a été approuvé... par le Conseil général de la dite ville, sous les peines et serments y contenus ; ouïes les personnes députées par les dites parties, pleinement et en tout ce qu'elles ont voulu dire... vu la forme nouvelle du régime de la dite ville, ordonnée pour l'avenir par les six personnes choisies et sur laquelle chacune des parties restant d'accord supplie Sa Seigneurie de prononcer sur cette nouvelle forme..., etc.; Sa Seigneurie prononce arbitralement, compose amiablement et déclare sa volonté sur la dite forme nouvelle... »

La reine commence par remanier à fond la composition des trois classes, bases de l'organisation municipale. Un « Livre des matricules » sera ouvert au consulat ; tous ceux qui aujourd'hui sont qualifiés bourgeois et s'appellent de ce nom seront inscrits sur la matricule de la Main majeure. Sur une autre matricule seront inscrits les mercaders, les médecins et, en général, tous ceux qui font partie de la Main

5

moyenne. Les quinze offices des métiers composeront désormais la Main mineure, mais ceux-là seuls, parmi les ouvriers, seront inscrits sur la troisième matricule qui seront jugés capables par les consuls de remplir des fonctions publiques.

Le 22 juin, tout habitant avait le droit de requérir que l'on procédât à l'immatriculation dans le cas où ce ne serait pas encore fait. Le premier et le second consuls en charge, assistés de tous ceux qui avaient été premier ou second consul, étaient chargés d'établir la matricule de la Main majeure. Les troisième et quatrième consuls en charge, assistés de tous ceux qui avaient été troisième ou quatrième consuls, étaient chargés d'établir la matricule de la Main moyenne [1].

Pour être rayé de la matricule, il fallait une décision unanime du Conseil général.

Vu le petit nombre des bourgeois (ils n'étaient que trente, dit la Charte), les légistes, qui jusqu'alors avaient fait partie de la Main moyenne, furent introduits dans la Main majeure par un moyen détourné. Ils méritaient bien cet honneur. Nos trente bourgeois font partie, d'après la Charte, du Conseil général, mais il leur est adjoint six légistes, dont l'un sera l'assesseur de la ville et les cinq autres seront nommés, à la majorité des voix, par le prieur du collège des Juristes, assisté de son conseil. Seront conseillers de la Main moyenne tous les mercaders ayant été consuls, et on y ajoutera un nombre de mercaders suffisant pour égaler le nombre des bourgeois.

Les trente sobreposats des offices représenteront au Conseil

---

[1] Les Consuls, pour l'établissement de la matricule de la Main moyenne, prenaient les conseils de tous ceux qui avaient été premier ou second consul, ainsi que ceux des *sobreposats* des offices et de leurs conseillers.

général la « Main mineure ». Mais ils ne la représenteront que d'une façon tout à fait factice : Les ouvriers n'interviendront pas, en effet, dans la nomination de leurs représentants ; les conseillers des offices seront d'abord tirés au sort parmi ceux que les consuls auront immatriculés, puis ces conseillers nommeront pour chaque office, six personnes qui pourront même ne pas être toutes choisies parmi les ouvriers, puisque l'Ordonnance autorise les pareurs à prendre des mercaders pour sobreposats, et les deux sobreposats de l'office seront tirés au sort parmi ces six personnes. Le Conseil général sera donc composé de quatre-vingt-seize membres, mais la présence de quarante-cinq conseillers suffira pour que les consuls puissent ouvrir la délibération.

Le conseil des *tractadors* est maintenu. Il demeure chargé de nommer les consuls, il élit, pour chaque place de consul, trois candidats parmi lesquels le sort désignera le candidat définitivement admis. Il nomme de même tous les autres magistrats municipaux. Mais pour que les *tractadors* ne puissent abuser à leur profit de cette autorité que leur donne l'ordonnance, ils sont exclus de toute charge municipale. L'Ordonnance désigne ensuite les affaires qui pourront être traitées par les consuls assistés des *tractadors* et celles qui nécessiteront la réunion du Conseil général.

Nous voici bien loin de l'antique principe de la souveraineté populaire. La direction de la cité est désormais confiée aux hautes classes et particulièrement à la Main majeure, puisqu'à elle seule elle possède trente-six conseillers. La suprématie politique et sociale du bourgeois est désormais reconnue et officiellement consacrée, et chose étrange, elle ne provoque aucune surprise, aucune protestation, se trouvant protégée par le respect unanime dont la bourgeoisie est entourée[1]. Les Perpignanais, qui avaient fait l'année précédente, une réception si enthousiaste à leur chère reine Marie, semblent même lui manifester, par un redoublement d'estime et de soumission, leur reconnaissance pour une réforme qui leur garantit enfin la tranquillité et la sécurité dont ils avaient tant besoin.

Quant aux bourgeois, en acceptant sans bruit et avec une calme dignité, une situation si honorable, ils se contentent, pour se distinguer des mercaders qui conservent leur titre de *honrats*, de prendre celui de « bourgeois nobles ». Nous apprécierons en son lieu cette mentalité nouvelle qui, lorsqu'ils n'eurent plus rien à conquérir dans la cité et qu'ils furent devenus possesseurs de grands domaines, à l'instar des châtelains, les fit se désintéresser des affaires municipales, pour concentrer tous leurs efforts vers une réalité de noblesse qui sembla l'unique but de leur ambition.

Perpignan allait sans doute vivre d'heureux jours quand Louis XI vint occuper le Roussillon. Avec l'occupation française le pays va connaître toutes les horreurs de la guerre, toutes les brutalités de la conquête.

---

[1] Voir sur le luxe l'*Histoire du Roussillon* par Henry, dans son Introduction, p. XIII et suivantes.
Histoire de Perpignan, par Vidal, p. 213 et suivantes.
Sur le respect du peuple pour la bourgeoisie et son peu de sympathie pour les mercaders, voir le *Manuscrit* d'Henry, p. 118 et suivantes.

CHAPITRE III

Prodromes de l'annexion des Comtés à la France

I

Occupation Française 1463-1493

L'occupation des Comtés de Roussillon et de Cerdagne par Louis XI a été diversement appréciée par les historiens espagnols et français. Nous ne chercherons pas si le droit et la justice étaient du côté du roi de France ou si le roi d'Aragon pouvait se considérer comme indûment dépouillé par son puissant ennemi ; une semblable discussion n'entre pas dans le plan de notre étude.

Nous nous contenterons d'exposer une situation de fait qui se prolongea pendant trente ans (1463-1493), grâce à la supériorité militaire incontestable de la France sur l'Aragon.

Cette domination française, imposée au Roussillon par la force des armes, ne pouvait avoir sur ses institutions qu'une influence immédiate passagère.

A peine un semblant de liberté revenu, le Roussillon ne manquerait pas d'abandonner les lois de l'étranger pour reprendre ses antiques usages. Aussi n'aurions-nous consigné que pour mémoire cet événement, qui n'offre qu'un intérêt secondaire au point de vue des transformations rationnelles de l'institution consulaire, s'il n'avait eu, sur l'avenir politique des Comtés, une influence décisive.

Il fut un premier pas vers l'annexion définitive, une orientation donnée par Louis XI à la politique de ses successeurs qui n'attendront plus qu'une occasion de faire la « reconquête » des Comtés.

La population elle-même, que l'occupation étrangère blessa d'abord dans tous ses sentiments intimes, se souviendra sans trop d'amertume de cette époque dont elle oubliera les deuils pour ne se rappeler que l'administration paternelle de Charles VIII et la prudente mansuétude de Boffile le Juge[1] gouverneur de Perpignan.

Ce souvenir fera naître en elle, non point le désir de devenir française, mais un état sentimental tel que le changement de Patrie ne sera plus considéré comme impossible, alors surtout qu'elle aura pu comparer le gouvernement de Charles VIII à l'autorité souvent despotique des rois d'Espagne.

Ce fut cet état d'esprit qui, en faisant accepter presque sans murmures le traité des Pyrénées en 1660, permit plus tard à Louis XIV d'appliquer au Roussillon son système de centralisation, de changer complètement l'esprit des institutions locales et particulièrement de l'institution consulaire.

Nous retracerons donc, mais très rapidement, le récit des faits qui ont motivé l'entrée des Français en Roussillon et leur occupation des Comtés.

Jean II d'Aragon avait eu d'un premier mariage avec Blanche d'Évreux, reine de Navarre, quatrième fille de

[1] Il avait été surnommé le Juge à cause de son équité.

Charles III le Noble, un fils, Charles de Viane qui, à la mort
de sa mère (1441), avait hérité du royaume de Navarre; mais
Jean II, poussé par sa seconde femme, Jeanne Enriquez, fille
de Don Fadrique, amiral de Castille, garda pour lui-même
cette couronne et s'attira ainsi l'inimitié de son fils. Celui-ci,
frustré de ses droits à l'héritage de sa mère, voulut au moins
obtenir la « Lieutenance générale » du Principat de Catalogne
et du Comté de Roussillon. Le jeune prince ne demandait que
l'application d'un antique usage qui donnait au « primogenit »,
ou fils aîné du roi, ce principat et ce comté [1].

Don Carlos, par ses qualités et ses défauts, devait s'attirer
toute la sympathie des Catalans : esprit brillant et léger, lettré
délicat, très insouciant et s'intéressant médiocrement à la
politique, il était destiné au rôle de prince qui règne et ne
gouverne pas.

Les Catalans, toujours animés d'un grand désir d'indépendance, voyaient d'un œil bienveillant l'avènement de ce
prince, et, quand Charles de Viane fit son entrée à Barcelone
en qualité de « primogenit » la population tout entière lui fit
un accueil enthousiaste et triomphal.

Jean II, confiant dans son autorité et considérant comme
superficielles les marques de sympathie prodiguées à Charles
de Viane par ses nouveaux sujets, ne s'opposa pas à ces
manifestations ; mais il vint à Barcelone sous couleur de se
réconcilier avec son fils, et, lorsqu'il crut le moment propice,
il le fit arrêter et enfermer au château d'Azcon.

Se saisir de la personne de don Carlos était, de la part du
roi d'Aragon, un coup d'autorité bien imprudent, car les

[1] Voir dans *Louis XI, Jean II et la Révolution catalane*, de M. Calmette, l'exposé des institutions catalanes au milieu du XVᵉ siècle.

Catalans n'abandonnaient jamais dans le malheur ceux qu'ils avaient aimés dans la prospérité ; attenter à ses pouvoirs, c'était s'aliéner toute la province en la mettant sous la dépendance directe du roi d'Aragon et en lui enlevant de ce fait son autonomie. Cette première atteinte à sa constitution pouvait lui faire craindre des modifications plus graves et plus profondes à ses antiques coutumes.

Jean II ne comprit pas jusqu'où pouvait les pousser le caractère entier des Catalans ; il prétendit suivre jusqu'au bout la ligne de conduite qu'il s'était tracée et suscita ainsi la guerre civile.

Devant l'insurrection, Jean II dut céder et rendre la liberté à don Carlos. Le jeune prince n'en put guère jouir, car il mourut peu de temps après, empoisonné par son père. Ce fut du moins l'avis unanime en Catalogne ; tous les habitants se levèrent en masse pour venger le fils de Blanche d'Évreux. Barcelone et Perpignan avaient chacune une marine et une armée nombreuses, et, ce qui manquait le plus au roi d'Aragon, de grandes richesses. Ce dernier, trop faible pour soumettre les rebelles, fit appel au roi de France, Louis XI, riche en hommes et en argent, et il conclut avec lui le traité de Sauveterre le 3 mai 1462.

Par ce traité, Louis XI promet au roi d'Aragon 200.000 écus d'or et 700 lances armées et équipées selon l'usage de France. En retour, Jean II donne en gage à son puissant allié les comtés de Roussillon et de Cerdagne ; le roi de France pourra occuper ces comtés jusqu'au moment où le roi d'Aragon lui aura restitué les 200.000 écus d'or. Dès le commencement de l'année 1463, Louis XI établit ses troupes à Perpignan et bientôt dans tout le Roussillon, et, abusant de sa supériorité vis-à-vis du roi d'Aragon, il ne cacha pas son intention d'annexer définitivement à la couronne de France les deux comtés qui lui avaient été imprudemment donnés en gage. Il en fait même l'aveu très net dans une déclaration adressée aux consuls de Perpignan qui lui avaient demandé, en même temps que la confirmation de leurs franchises, l'explication de la mainmise sur leur ville d'un souverain étranger [1]. Dès lors, il agit en maître, et pour bien montrer que le Roussillon et la Cerdagne font partie de son royaume, il décide que leurs produits ne seront plus soumis aux droits de douane [2].

Louis XI était considéré par tous comme doublement usurpateur: Il tirait ses droits de la volonté d'un roi dont les Catalans ne reconnaissaient plus l'autorité, et, ces droits, il les outrepassait singulièrement en considérant comme sa propriété ce qui, en réalité, n'était qu'un gage. Son autorité était basée sur la force et non sur l'assentiment des Roussillonnais. Sa situation était très délicate : faire subir des modifications profondes aux coutumes et surtout aux droits politiques de ses nouveaux sujets, c'était les pousser à la révolte, et d'autre part, ne rien changer à leurs organisations, c'était leur laisser une indépendance dont ils pourraient profiter pour secouer le joug étranger.

---

[1] *Déclaration de Dax*, 2 mars 1463, rapportée par M. Calmette, Op. cit.

[2] *Ord. de Dax*, mars 1463. Le roi confirme en outre quelques autres privilèges :

Eisdem consulibus concessimus et concedimus :

A) *ut... merces eorum sint et remaneant perpetuis temporibus franchi ab omnis marchiis, contramarchiis...*

B) *ut... valeant habere et tenere dictam tabulam cambii et depositorum cum sindicatibus, capitalis et officialibus eisdem prout et quemadmodum ipse et eorum predecessores tenuerunt et eisdem rite usi sunt.* — RECUEIL DES ORDONNANCES ROYALES, t. XV, p. 642.

(La *Tabula cambii* était la Banque municipale).

Le roi de France essaya de tout concilier dans une Ordonnance rendue à Toulouse en juin 1463, et c'est uniquement pour ce motif qu'on appela « Constitution Toulousaine » la Constitution établie par cette Ordonnance [1].

La ville continue à s'administrer elle-même, mais toute l'autorité est mise entre les mains des consuls en charge et des consuls précédents. Le roi, en diminuant le nombre des dirigeants, crut pouvoir leur imposer plus facilement sa volonté.

Le Conseil général se composera à l'avenir de cinquante-cinq membres : vingt seront pris dans la Main majeure, vingt dans la Main moyenne et quinze dans la Main mineure. Il faudra, pour que ses délibérations soient régulières, la présence d'au moins douze conseillers de chacune des premières Mains et de six de la dernière. Si ce quorum n'est pas atteint dans l'une ou l'autre des Mains, les consuls choisiront dans la Main correspondante un nombre de conseillers suffisant pour l'atteindre.

Parmi les bourgeois ayant été déjà honorés du titre de consul, les consuls prendront les six premiers conseillers de la « Main majeure »; ces derniers se joindront aux premiers magistrats de la cité pour élire, à la majorité des voix, les quatorze autres conseillers de leur Main. Ce sont aussi ces six conseillers et les consuls qui nommeront les représentants de la Main moyenne dont six devront avoir été troisième ou quatrième consul; les quinze citoyens qui, parmi les *sobre-posats* des offices et leur Conseil, seront le plus qualifiés aux yeux des consuls, formeront le Conseil de la Main mineure.

Pour tout ce qui n'est pas prévu dans sa Charte en matière

[1] RECUEIL DES ORDONNANCES ROYALES, t. XVI, p. 11.

électorale, Louis XI confirme la constitution de la reine Marie.

Malgré son désir de paix et de conciliation, Louis XI ne pouvait confirmer à ses nouveaux sujets certains droits trop dangereux pour son autorité ; conserver aux Perpignanais le droit de *Ma armada* qui, en leur donnant l'occasion de s'armer, pouvait être un moyen de révolte contre lui, eût été une imprudence. Aussi, dès le mois de Juillet 1463, il prohiba en général toutes les guerres privées et chargea ses officiers de venger, conformément aux lois, les injures reçues par les particuliers.

La *Ma armada* est abolie, mais pour ne pas se priver de la valeur militaire bien connue des Perpignanais, le roi de France décrète qu'en cas de besoin, ils pourront être incorporés dans son armée.

Il maintient la piraterie légale[1] nécessaire à son gré à la subsistance du pays, à condition toutefois qu'elle ne s'exercera pas au détriment des navires français.

Pour que les consuls ne puissent réunir de grosses sommes et en user en vue d'une insurrection, Louis XI se réserve le contrôle des finances et l'on ne pourra créer aucun impôt, ni en augmenter le taux existant, sans sa permission. L'armée française, en garnison au Château de Perpignan est dispensée des impositions communales.

Enfin les Perpignanais qui, avant l'occupation française, ne pouvaient être jugés en dehors du Principat, seront doréna-

---

[1] C'était le droit qu'avaient les Perpignanais d'armer des galères pour, en temps de disette, capturer les navires chargés de blé et les forcer à vendre leurs cargaisons en Roussillon.

Nous parlons de ce droit dans notre chap. des *Attributions consulaires.*

vant justiciables du roi de France qui pourra évoquer devant
lui toute affaire pendante devant les juges ordinaires.

De pareilles modifications, portées à des privilèges que l'on
prétendait d'abord confirmer, furent considérées comme des
lois nouvelles et incompatibles avec le caractère Roussillonnais ; les consuls, interprètes toujours fidèles de la population
confiée à leur sagesse, protestèrent, mais leurs réclamations
furent vaines.

Accoutumés à cette large autonomie municipale qui caractérisait les villes catalanes, blessés par leur nouveau maître
dans leurs sentiments les plus intimes, les Perpignanais
s'inclinèrent en vaincus, mais décidés à prendre les armes
à la moindre occasion favorable à une insurrection.

Cette occasion ne devait pas tarder à se présenter : Jean II
n'avait pas renoncé à reprendre les Comtés et avait conservé
des intelligences dans Perpignan[1]. Après Péronne, au moment
où Louis XI, par suite de complications croissantes, se voyait
obligé de retirer du Roussillon une grande partie de ses
soldats, il y suscita des mouvements de révolte contre la
France. Bientôt ces mouvements se multiplièrent et lorsque
le roi d'Aragon, le 1er février 1473, se présenta avec quelques
troupes aux portes de Perpignan la population tout entière
se souleva, chassa les Français jusque dans le château après
leur avoir infligé des pertes sérieuses, et, à la suite du premier
consul, vint ouvrir les portes de la ville à son souverain légitime.

Mais Perpignan ne s'affranchit du joug de l'étranger que
pour connaître les horreurs d'une guerre sans merci. Malgré

---

[1] Il avait toujours gardé son titre de Comte de Roussillon et de Cerdagne.

les embarras du moment, Louis XI envoya une armée nombreuse, commandée par Philippe de Savoie, comte de Bresse, faire le siège de la ville révoltée. Celle-ci défendue par le roi Jean en personne et par la *Ma armada* ne put être prise. Les Français se retirèrent et ce ne fut que deux ans plus tard, le 10 mars 1475, après un siège de trois mois, pendant lequel les Perpignanais connurent toutes les horreurs de la famine, qu'ils purent rentrer à Perpignan [1].

Toutefois, la défense avait été si opiniâtre, la conduite de la population si héroïque que, dans la capitulation signée par les consuls, le vaincu semble dicter ses conditions au vainqueur étonné de sa victoire. La ville gardera ses remparts ; elle sera toujours exempte des impôts établis par le roi de France ; les habitants auront le droit d'émigrer en Espagne et leurs biens seront respectés ; en général, tous les privilèges de la ville et ses droits politiques seront maintenus [2].

Louis XI fort irrité des conditions que ses généraux avaient accordées en son nom, ne s'y conforma point. Il nomma du Bouchage gouverneur du Roussillon et Boffile gouverneur de Perpignan. Il leur donna des instructions si rigoureuses qu'elles devaient amener la disparition et la destruction presque complète de la population. Mais Boffile préféra la douceur à la violence, estimant les Roussillonnais assez malheureux de par ailleurs ; la guerre entre la France et l'Espagne continuait sur leur territoire, suspendue seulement par des trêves mal observées, les troupes, mal payées, étant intéressées à guerroyer pour piller. Les campagnes désolées, n'étaient plus qu'un vaste désert semé de maisons en ruine.

[1] Voir les détails du siège dans l'*Hist. de Perpignan* par M. P. Vidal.
[2] 10 mars 1475. LIV. VERT MIN. T. II f° 512.

Ce ne fut qu'en 1479, sous le règne de Ferdinand le Catholique que la paix vint mettre fin à ce lamentable état de choses[1]; dès lors le Roussillon jouit d'une tranquillité relative, troublée seulement par les excès de la garnison.

La forme Toulousaine avait été rétablie et, malgré quelques mesures arbitraires prises, le peuple pouvait garder l'illusion d'élire ses magistrats.

Enfin Charles VIII vint (1483). Son administration paternelle répara les ruines du règne précédent et fit oublier les brutalités de la conquête. Il donne à la ville de Perpignan la propriété du ruisseau de *las Canals* et y fait rétablir les moulins dont la proximité des fortifications avait rendu la destruction nécessaire dans les dernières guerres. La liberté du commerce, supprimée par Louis XI, est rétablie. L'industrie se relève. Un peu d'aisance succède à la misère des populations et l'on peut reprendre à Perpignan la construction de l'église de Saint-Jean qui avait dû être interrompue sous Louis XI, faute de ressources.

Sous l'influence de la sollicitude royale, un parti se forma, résolument français, qui accepta l'occupation comme définitive. Aussi lorsque le 3 décembre 1487, le roi de France écrivit à Boffile le Juge pour le charger de rétablir la *Forma nova*, objet de tous les vœux, ce parti devint plus nombreux et plus puissant[2].

---

[1] Louis XI et Ferdinand le Catholique convinrent, au sujet du Roussillon, de nommer deux arbitres chacun et de se soumettre à la décision de ces quatre juges qui, en cas de partage, avaient le droit d'en nommer un cinquième. En attendant la décision des arbitres, on resterait dans le statu quo.

[2] Lettre de Charles VIII à Boffile :

« Nous a été exposé que pour le bon prouffit et utilité de notre dite ville et de la chose publique, puis demi an en ça ou environ, du vouloir et consentement des bourgois et habitants d'icelle et affin qu'ils peussent pour le devenir vivre

Cependant la garnison ne suivait pas le roi dans la voie de conciliation. Officiers et soldats n'hésitaient pas à se mêler à la lutte électorale qui se livrait, autour du pouvoir municipal, entre le parti français et le parti aragonais. Les élections des consuls et du Conseil général, faites sous la pression de la troupe, n'offraient aucune garantie de sincérité ; les premières places dans l'administration de la cité, revenaient toujours à des hommes du parti français.

Emportés par les passions des luttes politiques, ces hommes ne surent pas user de leur pouvoir avec assez de modération ; ils prirent trop catégoriquement fait et cause pour la France et s'attirèrent ainsi la haine de la majorité de leurs administrés. Cette situation ne pouvait durer et devait finir par un éclat,

Le 4 juin 1492, des négociations s'engagèrent à Narbonne, entre la France et l'Aragon, au sujet de la restitution des comtés. « Les généraux du roi de France et les officiers, tant civils que militaires, employés sous leurs ordres en Roussillon, mus par l'amour du bien public et par la crainte de perdre leurs emplois, ne pouvaient voir avec indifférence la restitution d'un pays regardé comme le plus ferme boulevard du Languedoc ». Aussi, dès le premier soupçon que les conférences tenues à Narbonne, entre les commissaires des deux nations, étaient relatives à cet objet, si, d'un côté, ces rumeurs vagues furent accueillies avec satisfaction par la majeure partie de la population, d'un autre côté, le parti français,

en meilleur ordre qu'ils n'avaient accoutumé, par vous et autres officiers en la dite ville ont esté faits certains statuz et ordonnances, que lesditz suppliants appellent *Forma nova* laquelle ils tiennent pour meilleure que la forme tholousane. »

ayant pour chef Guillaume de Carmaing, lieutenant du gouverneur, ne négligea rien pour faire échouer cette négociation [1].
A son instigation, les consuls écrivirent à Anne de Beaujeu
pour la prier de ne rien changer à l'ordre actuel des choses [2].

Cet acte exaspéra la population de Perpignan qui décida de
se donner, coûte que coûte, des consuls partisans de l'Aragon.
Mais Guillaume de Carmaing empêcha les élections du 24 juin
et nomma lui-même les consuls. Les bourgeois protestèrent
et portèrent leurs réclamations devant le roi ; celui-ci révoqua
les consuls et envoya à Perpignan des commissaires chargés
d'assurer la liberté de l'élection et demander compte à Carmaing de sa conduite. Après avoir, le 6 septembre, installé
les magistrats élus légalement, les commissaires infligèrent à
Carmaing une amende de 50 marcs d'or et fixèrent la date de
l'élection des magistrats municipaux. Le lieutenant-général
ne tint aucun compte de ce jugement ; le jour des élections
il chasse les consuls choisis par le peuple et en nomme
d'autres de sa propre autorité,

Le roi de France ne pouvait admettre un tel abus de pouvoir, et, le 28 septembre, Jean d'Ax, viguier de Carcassonne,
envoyé par lui, entre à Perpignan à la tête d'un corps de
troupes pour faire respecter les volontés du roi. Le 20 octobre
on remet en place les consuls légitimes ; le 4 novembre on
élit les autres magistrats municipaux et Guillaume de Carmaing est envoyé devant le roi pour expliquer sa conduite.

La persévérante fermeté du roi avait eu raison de la
violence de ses agents. A la veille de restituer, de son plein
gré à l'Espagne les comtés de Roussillon et de Cerdagne,

---

[1] *Hist. du Roussillon*, par Gazanyola.
[2] *Ord. des Rois de France*, T. XX, p. 385.

Charles VIII aurait pu se désintéresser d'un conflit dont le résultat, quel qu'il fut, ne pouvait plus lui apporter ni utilité ni dommage. Mais il avait voulu faire triompher la cause de la justice et de la liberté ; aussi, lorsqu'en janvier 1493, il conclut avec Ferdinand le Catholique le traité qui consacrait la restitution des comtés, la population de Perpignan put faire éclater sa joie en des démonstrations bruyantes ; elle n'en gardait pas moins au fond du cœur le souvenir ineffaçable de la bonté et de la justice du monarque français.

II

LE ROUSSILLON ESPAGNOL 1493-1642

Charles VIII avait rendu au Roussillon la *Forma nova ;* Ferdinand le Catholique, sachant combien ce régime était populaire, se garda de le modifier tout d'abord. Mais les événements allaient bientôt l'obliger à le réformer : Nous avons vu, pendant l'occupation française, un parti se constituer favorable à la France. Ce parti fort de l'appui de la garnison s'était adjugé toute l'autorité municipale. Aussi, dès le jour où Perpignan fut restitué à son premier possesseur, le parti espagnol voulut prendre sa revanche, et, des luttes électorales, où toutes les ambitions personnelles se donnèrent libre cours, s'engagèrent, troublant l'ordre public et introduisant, dans le fonctionnement de l'administration de la cité, toutes sortes de fraudes. Les consuls jugèrent une réforme nécessaire et en confièrent l'exécution au roi.

Le 22 mai 1499 [1], Ferdinand, en vertu de ce pouvoir que lui

[1] LIV. VERT MIN., t. II, f° 529.

6

défère la ville de Perpignan, modifie la constitution de la
reine Marie. Celle-ci avait remis à la place que lui marquait
la tradition, chaque catégorie de la population et avait attribué
à chacune d'elles une part bien définie dans le gouvernement
de la chose publique.

Les élections des magistrats auraient pu être une source de
haines funestes entre les divers membres de l'*Universitad*,
aussi la reine les avait entourées d'un secret absolu. Bien plus
elle ne leur avait attribué que le choix d'un certain nombre
de candidats, entre lesquels, en définitive, le sort décidait.

Ferdinand apporte dans la forme des classes un léger changement: La reine Marie avait placé les juristes dans la Main
majeure, en raison de leur science, de leur sagesse et de leur
valeur personnelle, mais, considérant que ces qualités dispa-
raissaient avec eux, elle n'avait pas permis à leurs descendants
d'hériter de cette distinction. Dorénavant, au contraire, les fils
des juristes auront les mêmes droits que les fils de bourgeois
à faire partie de la haute classe [1].

Le roi voulut aussi remédier au manque de sincérité du
scrutin et empêcher à l'avenir les querelles électorales : Il
remplace les registres des matricules par des « Bourses d'élection » dans lesquelles on mettra les noms de ceux qui peuvent
briguer les charges municipales, et décide que pour nommer
définitivement un officier municipal quelconque, on procé-
dera à quatre opérations successives :

---

[1] Les fils de bourgeois et les fils de juristes devaient être âgés de vingt-cinq
ans et mariés, pour pouvoir être admis dans la Main majeure. — Une Ordonnance du 11 août 1536 vint modifier cette disposition, en leur permettant
d'entrer au conseil, même s'ils n'étaient pas mariés ; l'âge exigé dans ce cas,
était de 30 ans. LIV. VERT MINEUR, t. II, f° 618.

1° *Immatriculation*. — Il faudra désigner à quelle Main chaque citoyen appartient.

2° « *Insacculation* ». — Une bourse spéciale existera pour chacune des fonctions municipales, et, on y mettra le nom de tous les membres de la catégorie sociale à laquelle cette fonction est attribuée.

Le roi fit la première « insacculation » en 1499. Depuis, les consuls en furent chargés ; tous les cinq ans, ils devront reviser les bourses d'élection, en enlever les noms des citoyens frappés d'une incapacité quelconque et les y remplacer par d'autres de leur choix [1]. Cette opération se fera dans le plus grand secret, puis les bourses seront scellées par le Premier Consul et enfermées dans un coffre à six serrures, placé à cet effet à l'Hôtel-de-Ville. Le notaire, secrétaire du consulat et chacun des consuls auront la clef d'une des serrures du coffre. Il sera ainsi très difficile d'introduire frauduleusement des membres étrangers dans les diverses Mains.

3° *Extraction*. — Les consuls réuniront le Conseil général à l'Hôtel-de-Ville ; en sa présence, ils ouvriront le coffre aux six serrures et procéderont au tirage au sort des candidats : s'agira-t-il, par exemple, de désigner un candidat à la place de Premier Consul ? On prendra la bourse contenant le nom de tous les citoyens de la Main majeure. De cette bourse, un enfant de 5 à 6 ans extraira un nom qui sera celui du Premier

[1] Pour éviter les insacculations arbitraires, Charles-Quint, ordonne aux consuls, en 1534, de se faire assister par un certain nombre de membres de chaque « Main », formant avec les consuls une sorte de conseil d'insacculation.

Le 20 juin 1623, Philippe IV remplace ce conseil élu par les consuls, par un autre conseil dit « Douzaine d'Insacculation ». Il était formé de douze membres désignés par le sort et pris quatre dans chaque Main.

L'insacculation fut désormais publique. LIV. VERT MAJ. f° 367.

Consul. C'est en vue de cette opération que Ferdinand le
Catholique avait remplacé le livre des matricules par les
« bourses d'élection ».

4° *Admission*. — Si le citoyen désigné par le hasard est
notoirement incompétent, on recommencera le tirage au sort,
jusqu'à ce qu'il désigne un homme, reconnu par les consuls
et le Conseil général, « habile » à gérer les affaires de la cité.

Tel est le régime institué par Ferdinand. Dès lors, le gouvernement de Perpignan prend définitivement une forme
aristocratique. Les luttes électorales, basées sur le prétendu,
souci d'élire le plus digne, mais n'ayant, le plus souvent
pour résultat que d'élever au pouvoir les plus turbulents, les
plus audacieux et les moins scrupuleux, disparaissent, et, la
direction des affaires est mise entre les mains de citoyens de
chacune des catégories sociales, désignés par le sort. Tous
les membres d'une même classe sont absolument égaux et
peuvent, si le hasard les favorise, représenter leur Main
dans le gouvernement de la ville.

Les inégalités n'apparaissent que d'une classe à l'autre ;
celle de la bourgeoisie demeure la plus influente; son rôle,
dans la direction de la cité, est prépondérant, et, favorisée
déjà par des privilèges exorbitants, elle recevra bientôt la
consécration officielle de sa supériorité par son admission
dans le corps de la noblesse.

Le 13 juillet 1599[1], le roi d'Espagne, Philippe III, conféra,
par lettres patentes, aux bourgeois de Perpignan, toutes les
prérogatives de la chevalerie. Ce nouvel honneur remplit de
jalousie les autres Mains. Se basant sur leur constitution,
qui défendait de donner une charge publique quelconque à

---

[1] LIV. VERT. MAJ. f° 343.

un noble, elles se réunirent pour exclure les bourgeois du gouvernement de la ville. Ceux-ci portèrent leurs réclamations devant le roi. La réponse de Philippe III leur fut en tous points favorable : en élevant les bourgeois à la dignité de chevaliers, il avait voulu les récompenser des services rendus par eux à la monarchie, et non priver la ville de leurs lumières et de leur expérience. Il leur laissait donc tous leurs privilèges municipaux [1].

Dès lors, rien n'empêchait la noblesse d'entrer, elle aussi, à l'Hôtel-de-Ville, et, le 21 octobre 1601, le duc de Feria, vice-roi de Catalogne, consacra officiellement et au nom du roi cette prérogative. Une nouvelle « bourse d'élection » fut créée sous le nom de *bols a militar*. Les nobles firent partie de la Main majeure et occupèrent, alternativement avec les bourgeois, les fonctions de premier et de second consul : lorsque la première place revenait à un noble, la seconde était l'apanage d'un bourgeois et réciproquement.

La constitution de 1499 avait fait cesser les querelles entre habitants, et les Perpignanais n'auraient eu qu'à se louer d'être sous la domination espagnole si la garnison, installée à Perpignan par crainte d'un retour offensif des Français, ne s'était livrée à des excès et des brutalités vraiment intolérables [2].

[1] Lettres patentes du 23 décembre 1599. LIV. VERT MAJ. 343.
[2] La haine de Perpignan contre l'Espagne eut aussi pour raison la perte de son procès pour la « Désunion ». Appauvrie par de continuelles guerres, cette ville accusait de sa misère le gouvernement de la Catalogne et par conséquent, Barcelone qui, en fait, en avait la haute main.
Levant des impôts à Perpignan, Barcelone attirait à elle tout l'argent que produisait l'impôt et ne l'employait que pour les besoins du Principat. Ce gouvernement ne s'occupait pas suffisamment de la repression du banditisme en Roussillon, et, chose plus grave, Barcelone, par des moyens détournés, fermait son marché aux draps de Perpignan.

L'arrogance des soldats amena souvent des rixes sanglantes : un mercader, nommé Serra, se prit, un jour, de querelle avec un officier appelé Don Alonso de Soza. Serra fut tué. « Les parents et amis du mort se portèrent en foule vers la maison occupée par Don Jean de Seyna, où, disait-on, le meurtrier s'était réfugié. Les soldats se mirent en devoir de leur en défendre l'entrée ; et il s'ensuivit une violente lutte entre les habitants et les militaires. Le capitaine fut atteint d'un coup de pierre dont il mourut peu de jours après..... Pour éviter toute occasion de querelle, on retira les troupes de la ville, où elles étaient fort à charge à l'habitant, n'en laissant qu'au château et au Castillet. Les autres furent distribuées dans les forteresses ou envoyées dans l'Ampourdan ».

Cette précaution ne suffit pas ; les rixes continuèrent de plus belle et le 26 juin 1539, nous voyons la garnison tirer des coups de canons contre les clochers de la Réal et de Saint-Jacques. A cette insulte, les Perpignanais, furieux,

---

Cela ressort d'une série de lettres des consuls de Perpignan à ceux de Barcelone. Dans la lettre du 2 septembre 1591, les consuls de Perpignan, demandent à ceux de Barcelone, des armes pour délivrer le Roussillon des incursions des généraux français. Les consuls de Barcelone refusèrent de prêter leur concours à Perpignan et le lui vendirent très cher.

Dans la lettre du 20 février 1564, les consuls de Perpignan se plaignent auprès de leurs collègues de Barcelone de l'arrêt des marchandises perpignanaises devant les portes de Barcelone, et, exposent que la contagion de la peste n'est plus à craindre, cette maladie ne sévissant plus depuis longtemps en Roussillon. (M. Calmette publie toute cette correspondance de Perpignan avec Barcelone dans la *Revue des Langues Romanes*).

Tous les procès importants des Perpignanais devaient être jugés à Barcelone et, de ce fait, de grosses sommes d'argent passaient les frontières du Roussillon.

Excédés, les consuls de Perpignan chargèrent Louis Palau, assesseur de l'Hôtel de Ville, de demander au roi la séparation du Roussillon et de la Catalogne

Contre leur espoir, le roi n'accueillit pas favorablement leur requête.

s'emparent de quatre pièces d'artillerie et ripostent au feu des soldats.

On procéda à une enquête à la suite de laquelle, divers habitants furent arrêtés et envoyés à Barcelone où ils furent retenus prisonniers plus d'un an. Henry fait remarquer avec raison que la note des Registres de Saint-Jean « ne parle pas d'arrestation de soldats, ce qui semblerait indiquer qu'on imputa à crime de rébellion aux habitants le fait d'avoir tiré le canon contre un château royal. »

Un mois après, le capitaine général de la garnison, sans y être provoqué, ordonna de démolir les clochers de la Réal et de Saint-Jacques, et, malgré les protestations et les prières des consuls, il ne fit suspendre les travaux que plusieurs jours après. Devant ces vexations, en 1547, l'infant Philippe II, chargé par Charles Quint du gouvernement de l'Espagne, essaya d'apporter des règles nouvelles dans les rapports de l'armée avec la ville et l'autorité municipale[1]: La garnison devrait à l'avenir respecter les privilèges des habitants et payer les impositions communales. Comme certains officiers ne se conformaient pas à cette dernière clause, les consuls, forts de l'appui du roi, leur intentèrent un procès, et des contraintes furent exercées, par ordre de Pierre de Cardona, lieutenant général de Catalogne, pour forcer les officiers à payer les dépens du procès et les indemnités dues à la ville.

[1] Lettre de l'Infant Philippe II à Joseph de Gavara, capitaine général de la frontière de Roussillon. LIV. VERT MIN. t. II, f° 653.

Il renouvelle ses ordres le 3 septembre. LIV. VERT MIN. t. II, f° 635.

Il les renouvelle à nouveau le 5 septembre. LIV. VERT MIN. t. II, f° 633.

Devant cette insistance, Joseph de Gavara transmet ces ordres à la garnison de Perpignan, 10 septembre. LIV. VERT. MIN. t. II, f° 634.

Nouveaux ordres de l'Infant, 28 septembre. LIV. VERT MIN. t. II, f° 634.

Nouvelles transmissions de Gavara, le 6 octobre. LIV. VERT MIN., t. II, f° 635.

Cette mesure réfréna quelque temps les instincts pernicieux de la soldatesque ; mais bientôt les vexations recommencèrent[1] et allèrent toujours en s'accentuant : Le 10 avril 1626, une note des « mémoires de Saint-Jean » se plaint « que les militaires assassinent les gens de toute condition, si bien qu'une personne, même honorable, ne peut plus mettre les pieds dans la rue ».

Ce n'était pas seulement à la vie des citoyens que les soldats s'attaquaient, c'était aussi à l'honneur de leurs épouses et de leurs filles : lors d'une enquête, motivée par les violences de la troupe, enquête qui se poursuivit par devant le juge de la viguerie de Roussillon, le commandeur du couvent de Notre-Dame-de-la-Merci, frère Honoré Gralla, pouvait déposer en ces termes : « Comme commandeur, comme confesseur et prédicateur ayant prêché quatre années en cette ville, dont je connais tous les habitants, je déclare, les larmes aux yeux, que cette situation ne pourrait jamais être dépeinte avec exagération ; les dangers secrets et la perdition des âmes sont encore plus grands que les dangers publics et que la perte des biens ; et ces dangers, seuls les confesseurs les savent, parce qu'ils entendent les malheurs arrivés aux femmes et aux jeunes filles pendant que les maîtres sont absents et les soldats maîtres de la maison ».

On devine quelle haine violente était au cœur des Perpignanais ; et cette aversion remontait des soldats jusqu'au gouvernement qui les employait et qui ne savait pas, soit par

---

[1] Les ordres de l'Infant ne devaient guère être respectés par l'armée, puisqu'il les renouvelle encore le 18 décembre 1552. Liv. VERT MIN. f° 358.

En 1564, l'Audience Royale de Barcelone est obligée d'intervenir pour forcer la troupe à payer les impositions communales. Liv. VERT MIN. t. II, f° 651.

insouciance, soit par incapacité, mettre un frein à leurs détestables instincts. Aussi, lorsqu'en 1638, les généraux espagnols arrivèrent devant Perpignan, avec une armée chargée de renforcer la garnison pendant la guerre avec la France, et qu'ils voulurent loger leurs hommes chez l'habitant, les consuls, au nom de toute la population, refusèrent énergiquement. Alors commença un bombardement terrible qui força la ville à ouvrir ses portes. L'armée espagnole entra dans Perpignan et s'y livra au pillage pendant trois jours[1].

Les malheureux habitants, traqués jusque dans leurs demeures, voyant déshonorer leurs femmes et leurs filles sans pouvoir protester, dépouillés de leurs biens et privés de toute liberté, ne subissaient que par force la domination espagnole, et, lorsqu'en 1660, le traité des Pyrénées attribua le Roussillon à la France qui l'occupait déjà depuis 1642[2], ce fut avec joie qu'ils se donnèrent à leur nouvelle patrie.

---

[1] Lettre du Marqués de la Reyna aux consuls pour loger ses troupes dans Perpignan, 9 juin 1640. L. DES PROV. t. I, LIV. IV. f° 547.

Les Consuls déclarent ne pouvoir loger les troupes, f° 547.

Deuxième sommation de la Reyna, f° 546. — Après cette sommation, la Reyna ouvre le feu contre la ville.

Conditions exigées par la Reyna pour cesser le feu, 13 juin 1640.

Les Consuls n'acceptent point ces conditions, f° 549.

La Reyna menace de prendre la ville d'assaut et les consuls devant cette attitude ouvrent leurs portes, f° 550.

[2] Prise de Perpignan par l'armée de Louis XIII, le 9 septembre 1642.

CHAPITRE IV

Attributions Consulaires

Après ce rapide aperçu historique des origines, de l'organisation et des modifications de l'institution consulaire de notre cité, qui met en lumière toute l'importance des attributions politiques des consuls, l'étude de leurs attributions administratives, s'impose à nos recherches et à nos efforts.

Mais il semble convenable de jeter d'abord un coup d'œil sur les modestes commencements et les coutumes austères de nos consuls dans la cité naissante, coutumes qui se transformèrent peu à peu en habitudes fastueuses et d'apparat.

Maisons, Costumes, Préséance Consulaires

A l'origine, « une place, un coin de rue servait de tribunal aux consuls ; pour les conseils secrets, ils se réunissaient dans la maison de l'un d'eux. Vers la fin du règne de Jacques Iᵉʳ, ils se donnèrent leur première maison de ville modeste et exiguë : le péristyle de la mairie actuelle ».

Mais la ville ne cessait de croître en population et en étendue, et, malgré toute leur activité et leur dévouement, les consuls se virent obligés de confier à des personnes de leur choix l'exécution de leurs arrêtés et certaines parties de leur administration. Des officiers municipaux furent créés : *mostassafs, clavaires*, régisseurs de la Halle au blé, trésoriers de la ville, et bientôt la *casa del Consolat* ne suffit plus à contenir cette multitude d'employés subalternes. Il fallut l'agrandir à plusieurs reprises[1] jusqu'à ce qu'elle fut devenue l'imposant édifice que l'on voit encore à peu près intact aujourd'hui et qui sert toujours de mairie.

Comme leur maison, le costume des consuls fut d'abord très modeste. Avant 1325, ils recevaient dix livres pour se vêtir. C'était la seule faveur pécuniaire dont la ville honorât leurs services, et il est permis de croire que nos consuls ne se distinguaient guère des autres bourgeois que par l'ampleur de la robe et sa façon particulière. Mais avec la richesse pénétra à Perpignan le goût du luxe et de la recherche dans les vêtements ; les consuls ne furent sans doute pas mécontents d'avoir à se conformer au goût de leur temps, puisque nous voyons Sanche de Majorque obliger la ville à leur fournir, à l'avenir, trois costumes complets et une somme de quinze livres[2] portée quelques années plus tard à vingt-cinq livres[3].

Le luxe faisant de nouveaux progrès, le costume des consuls devint bientôt très somptueux[4]. « Ils portent toujours

---

[1] Premier agrandissement en 1315. — Les consuls achètent une boutique sur la place *dels richs homens* pour agrandir la maison consulaire. Liv. VERT MIN. f° 100. — Deuxième agrandissement en 1368, par l'achat d'une grande maison sur la place de la *Gallinaria*. — Un autre en 1402.

[2] 23 mai 1325. — LIV. VERT MAJ. t. II f° 120.

[3] 8 Juillet 1334. LIV. VERT MIN. f° 135.

[4] Carrère. Description de la province de Roussillon. — Nous avons pris chez cet auteur la description du costume des consuls, bien qu'il ait décrit le costume des consuls de la période française. Nous avons pu le faire sans inconvénient, car ce costume n'avait été changé en rien par les rois de France.

l'épée pendant l'année de leur consulat, de quelque état qu'ils soient, et un chaperon de velours cramoisi sous leur habit ; leur robe de cérémonie est de damas cramoisi, fort large, à grands plis par devant et à très petits plis par derrière, avec des grandes manches et un grand collet renversé orné de rubans, une fraise au col et une haute toque de velours noir fort plissée, qu'ils portent à la main ; ils ont une robe de damas noir pour les cérémonies lugubres. Ils ne marchent jamais que précédés d'un alguazil, l'épée au côté, et portant une canne dont la pomme est aux armes de la Ville, de trois verguiers et de deux massiers ; ceux-ci sont en robe de drap cramoisi très plissée et justaucorps ; ils sont suivis de tous les officiers de l'Hôtel-de-Ville. Les jours de grande cérémonie leur marche est pompeuse et brillante, et leur cortège très nombreux ; elle est ouverte par tous les corps de métiers, ayant chacun à sa tête son drapeau, son étendard et son tambour ; ce qui fait environ douze cents hommes rangés deux à deux, trente drapeaux, autant d'étendards et de tambours ; viennent ensuite les trompettes et les six haut-bois, clarinettes et xiremines de l'Hôtel-de-Ville, habillés d'une casaque rouge à galons jaunes ; ceux-ci sont suivis des alguazils, verguiers et massiers ; les consuls viennent après, et sont suivis des officiers de l'Hôtel-de-Ville, de tous les anciens consuls des trois états, et des membres des différents Conseils de ville ».

Dès lors, leur prééminence dans les cérémonies et assemblées publiques semble prendre un caractère plus rigoureux en devenant plus imposant. Comme représentants et chefs de la cité, toute atteinte à leur dignité est une insulte à la ville elle-même, et nos consuls se montrent de plus en plus jaloux dans les questions de préséance. Aussi, les voyons-nous maintes fois protester avec la plus grande énergie contre les prétentions plus ou moins justifiées des gouverneurs ou des autorités ecclésiastiques. Cette fermeté des consuls à défendre leurs distinctions honorifiques est attestée notamment par ce fait bien caractéristique rapporté par Henry dans son *Histoire du Roussillon* :

A l'occasion de la mort de Philippe III, le gouverneur se permit de se rendre à l'Hôtel-de-Ville en se faisant précéder par deux massiers, contrairement à la coutume qui réservait cet honneur aux seuls consuls. Une protestation bien étrange devait s'en suivre, car nos consuls décidèrent, pour répondre comme il convenait à cette infraction au protocole traditionnel, de ne point assister au service funèbre que la ville allait faire célébrer pour le roi défunt. Bien plus, ils notifient leur décision à l'évêque, en le priant de ne point procéder à la cérémonie, et, comme c'était le premier consul à qui revenait le droit de faire le deuil, l'évêque, en l'absence du représentant attitré de la cité et ne se trouvant en présence que du gouverneur arrivé seul à l'église, se retira. L'autel fut dépouillé de ses ornements et le catafalque enlevé. Le service funèbre ne fut célébré que quelques jours après, sur une nouvelle convocation, en présence des consuls et en l'absence du gouverneur.

Ce n'est point là un fait isolé ; très souvent Perpignan, par suite de l'intransigeance des consuls, fut le théâtre d'événements semblables.

Mais ce souci du protocole n'empêchait pas les consuls de mettre au service des attributions que leur avait conférées le peuple, la meilleure part de leur énergie et de leur activité.

Attributions Militaires ; « Ma Armada »

Ce qui donna à la magistrature consulaire de Perpignan le plus de lustre et comme un certain caractère de chevalerie incontestable puisqu'il justifia, par la suite, le droit de créer, tous les ans, sous le contrôle royal un certain nombre « de bourgeois nobles » qui jouissaient à peu près de tous les droits et prérogatives de la véritable noblesse, ce fut, sans contredit, les connaissances et le courage militaires dont nos consuls firent toujours preuve. Valeur et aptitudes militaires étaient la conséquence, pour ces chefs de la cité, de l'exercice d'un privilège que les Perpignanais appréciaient par dessus tous les autres et qu'ils conservèrent intact jusqu'à la conquête française, le privilège de la *Ma armada* ou « Main armée ».

La population de Perpignan a toujours été sensible à l'injure et prompte à s'en irriter. Fidèle jusqu'à l'héroïsme à ses souverains, capable de sacrifier pour leurs causes sa liberté et ses foyers, jalouse, d'autre part, de ses franchises qui, au milieu de la multitude aragonaise, semblaient la couronner comme d'une sorte de diadème exceptionnel et aristocratique, susceptible à l'excès sur le point d'honneur, tout en elle décelait une race forte et bien taillée pour le métier des armes.

Les rois d'Aragon, saisis d'admiration pour une ville assez riche pour s'entourer à ses frais de remparts inexpugnables, assez peuplée pour fournir de nombreux soldats d'une race forte et belliqueuse, comprirent bien vite qu'elle était destinée à devenir la plus solide défense de leur frontière ; aussi lui donnèrent-ils dès les premiers jours, le droit de s'armer.

Mais il ne suffit pas d'avoir des armes pour faire un soldat ; l'habitude du danger peut seule affermir les courages ; le maniement habituel des armes est nécessaire pour rendre un peuple redoutable, et les rois d'Aragon accordèrent à Perpignan le droit de guerre privée, le privilège de *Ma armada*. Ils entourèrent, d'ailleurs, l'exercice de ce privilège de toutes les garanties désirables, pour que ce peuple de marchands et d'industriels ne devint pas un peuple de pirates.

Perpignan reçut une constitution guerrière ; la population était organisée pour la guerre dès le temps de paix.

Ceux-là même qui géraient ses intérêts se chargeaient de la mener à la bataille ; le premier consul était le chef de la *Ma armada*.

Un habitant de la ville était-il lésé dans ses biens ou dans son honneur par un étranger, il n'avait qu'à dénoncer le coupable aux consuls qui convoquaient d'urgence le bailli et le viguier ; l'affaire était instruite rapidement sous le contrôle des deux représentants de l'autorité royale et la sentence aussitôt prononcée.

Si les torts étaient du côté de l'étranger et si celui-ci refusait de se soumettre à la réparation exigée, ou bien si la ville qu'il habitait ne consentait pas à le livrer, les consuls appelaient le peuple aux armes ; le tocsin sonnait, tambours et trompettes couraient les rues publiant l'ordonnance consulaire. Tous les habitants en état de porter les armes devaient accourir à l'appel des consuls, et, ce devoir était si rigoureux que de fortes amendes et même la perte de la qualité d'habitant de Perpignan frappaient sans pitié le déserteur.

A l'appel des consuls, les chefs de métier amenaient leurs hommes à la maison consulaire où des armes leur étaient distribuées ; puis, chacun prenait dans la colonne la place qu'on lui avait assignée dès le temps de paix[1]. La *Ma armada* se mettait en marche, chaque corps de métier précédé de sa bannière, et ayant à sa tête, les consuls et la bannière consulaire. Depuis une ordonnance du 13 octobre 1400, la bannière royale précédait la colonne.

Une fois la *Ma armada* hors des murs, rien ne pouvait l'arrêter que la force, car les décisions des consuls étaient sans appel[2]. Pour éviter la guerre et empêcher des représailles sans merci, le coupable devait réparer le dommage qu'il avait causé et payer, en outre, mille « morabotins » d'or pour chaque jour qu'avait duré l'expédition et que la *Ma armada* avait passé hors la ville. Les consuls pouvaient occuper le pays envahi jusqu'à complet payement de cette indemnité de guerre et jusqu'à complète réparation du dommage[3].

Nous indiquerons ici rapidement quelques points plus particulièrement caractéristiques de la législation de la *Ma armada*, dont la concession à la ville fut obtenue à la suite des demandes et aussi des dons d'argent faits au roi par les consuls.

Les consuls ne pouvaient être inquiétés en aucune manière au sujet des meurtres, incendies, violences commis par les

---

[1] Voici l'ordre dans lequel marchaient les métiers ; il nous est donné par une ordonnance du 15 novembre 1356 :

Parayres (apprêteurs de draps) ; sastres (tailleurs) ; pelissers (peaussiers) ; texidors (tisseurs) ; fusters (menuisiers) ; fabres (forgerons) ; sabaters (cordonniers) ; speciayres (épiciers) ; mercers (merciers) ; aluders (maroquiniers) ; curaters (courtiers) ; aventurers (charretiers) ; maselers (bouchers) ; ortolans (jardiniers). — Arch. municipales. Série BB. REG. 7, f° 114.

[2] Ordonnance de Pierre IV 3 février 1345. LIV. VERT MAJ. f° 27.

[3] Ordonnance de Pierre IV 30 octobre 1344. LIV. VERT MAJ. f° 25.

habitants dans l'exercice de la *Ma armada*, ils étaient les seuls juges de ces violences et de ces excès. Ce privilège coûta aux consuls 5.000 florins d'or [1].

Les villes royales, les soldats du roi et même les individus placés exceptionnellement sous la propre sauvegarde du roi, pouvaient être impunément châtiés par la *Ma armada* [2]. La concession du privilège de *Ma armada* avait été d'autant plus agréable aux Perpignanais qu'il était la plus sûre garantie de leur commerce avec l'étranger. Grâce à lui, ils pouvaient se défendre contre les pirates et mettre à la raison les trafiquants de mauvaise foi qui, se sentant en sûreté derrière les murailles de leur ville, refusaient de payer le prix des marchandises reçues.

Mais, en un temps où les chemins étaient peu sûrs et où le voyageur se trouvait en si grand risque de tomber dans les mains des malandrins et des voleurs, il fallait aussi pouvoir protéger et venger le marchand étranger venu à Perpignan pour s'approvisionner de ses produits et qui pouvait être détroussé à sa sortie hors des murs. Aussi, l'usage s'établit-il parmi les habitants, avec l'assentiment des consuls, de donner aux étrangers qui venaient à Perpignan traiter des affaires de commerce, des sauf-conduits qui les mettaient sous la protection de la *Ma armada* jusqu'à ce qu'ils eussent quitté le territoire perpignanais. Toutefois, un pareil usage ayant entraîné de multiples abus, les consuls en provoquèrent la révocation, sous Pierre IV d'Aragon, le 3 novembre 1344.

Ainsi constituée et disciplinairement organisée, la *Ma armada* était une force imposante et redoutable dont les

[1] Ordonnance de Pierre IV, 29 avril 1384. LIV. VERT MAJ. f° 25.
[2] LIV. VERT MAJ. f°s 288 et 91.

7.

rois se réservaient de se servir au besoin pour la défense de leurs propres intérêts. Elle pouvait donc être convoquée par ordre royal, à la seule condition que la troupe perpignanaise demeurerait dans les limites de la province.

Ferdinand le Catholique, qui avait entouré la gestion consulaire des deniers publics de règles si étroites qu'elles font supposer chez lui un naturel foncièrement soupçonneux et méfiant, n'avait pas hésité à manifester sa confiance absolue en la *Ma armada* en confirmant purement et simplement les attributions militaires des consuls [1]. Son ordonnance veut que le titre de capitaine de la ville et le commandement des troupes, chargées de sa défense en cas de siège, appartiennent au premier consul ainsi que la surveillance des fortifications et la garde des clefs de la ville.

Elle plut à Charles-Quint qui, bien loin de la dédaigner, voulut l'organiser en compagnies, comme il l'avait fait pour ses propres armées ; mais il lui laissa toujours ses chefs et les consuls ne cessèrent pas de la commander. Il donne même au corps consulaire une preuve bien significative de sa confiance lorsqu'il décide qu'en cas de décès ou d'absence du premier consul, il ne pourra être remplacé à la capitainerie de la ville que par le second consul [2].

La *Ma armada* changea de forme ; elle n'en demeura pas moins, en conservant tous ses antiques privilèges, tant que le Roussillon fut espagnol, une puissance capable d'imposer le respect de notre cité à Barcelone elle-même, sa superbe rivale.

[1] LIV. VERT MIN. t. II f° 535. — Les consuls avaient déjà la garde des clefs de la ville. Ord. d'Alphonse V. 7 mai 1448. LIV. VERT MIN., t. II, f° 492.
[2] Ord. du 11 novembre 1537. LIV. VERT MIN., t. II, f° 520.

Les marques d'estime et de confiance des rois pour la
Ma armada et leurs chefs incontestés ne se comptent pas.
Ils en reçoivent, d'ailleurs, des services signalés, et la conduite héroïque des habitants de Perpignan, sous le commandement de tels capitaines, mérite souvent à ces derniers les
remerciements et les éloges de leurs souverains[1].

Perpignan avec sa *Ma armada* est bien la sentinelle avancée
de l'Espagne, destinée à surveiller les agissements de la
France, et les consuls comprenant leur rôle et toujours fidèles au devoir, ne cessent de renseigner le roi sur les mouvements des troupes françaises en temps de guerre[2] et de donner
à ses capitaines des avis et des conseils toujours écoutés.

Philippe II en apprécie toute l'importance et recommande
à ses chefs d'expédition de prendre toujours l'avis des
consuls[3] « non seulement, ajoute-t-il, comme connaissant
parfaitement le pays et les passages, ainsi qu'on l'a si dédai-
gneusement avancé, mais comme très experts en connaissances militaires ». C'est pourquoi, il ordonne, en outre, que
tous les plans, toutes les dispositions de guerre de ses
capitaines leur soient communiqués et qu'on prenne toujours
leurs conseils.

Mais, s'il est très honorable et souvent bien difficile de
défendre une ville contre l'ennemi du dehors, il l'est autant,
sinon plus encore, d'y maintenir les malfaiteurs dans le
respect des lois, de réfréner la passion du luxe d'une popu-

---

[1] Pendant leur défense de Perpignan contre l'armée de Louis XI, les consuls
et la *Ma armada* furent particulièrement héroïques. Jean II ne leur ménagea
pas les éloges dans sa lettre du 21 janvier 1475. LIV. VERT MIN., t. II, f° 517.

[2] Nous le constatons par les éloges que leur prodigua à ce sujet le gouvernement. 26 juin 1593. LIV. DES PROV., t. I, l. IV, f° 430 et 26 octobre 1605, f° 500.

[3] Ord. de Philippe II. 13 juillet 1599. LIV. VERT MAJ., f° 342.

lation trop riche, d'en maintenir les mœurs dans leur
pureté traditionnelle et, en général, de veiller à ce que rien
n'y puisse troubler l'ordre public à l'intérieur. Nos consuls
assumaient cette lourde charge.

LES CONSULS GARDIENS DE L'ORDRE PUBLIC ET DE LA SALUBRITÉ PUBLIQUE

Les attributions des consuls dans les questions d'ordre
public étaient très diverses et très étendues. Il n'y a lieu de
s'arrêter que sur celles qui présentent un caractère particulier et intéressant, et qui font ressortir l'absolu gouvernement de cette magistrature pour tout ce qui touchait à la
sécurité de la cité, au point de vue de la propriété, des
mœurs, de l'hygiène et de tous les progrès de voirie ou d'em-
bellissements qui pouvaient s'imposer à son attention.

Dans les premiers temps nous voyons que quelques-unes
des décisions consulaires, toujours imposées aux habitants à
la suite de publications retentissantes et au son des tambours
et des trompettes, n'étaient pas exécutoires de plein droit et
avaient besoin de l'homologation du bayle. Il s'en suivait de
perpétuels conflits qui amenèrent Jean Ier d'Aragon à rendre
une Ordonnance du 20 octobre 1392 [1], autorisant les consuls
à faire tels règlements de police qu'ils jugeraient utiles ou
convenables sans l'intervention du bayle. Le roi en donne
même des raisons qui ne sont pas à l'honneur de son représentant : *quia tendit ad habendum propterea munus aliquod
vel ut possit, coloribus exquisitis, aliquas pecunias extorquere.*
Désormais, le bayle n'eut plus aucune attribution de police,

---

[1] LIV. VERT MAJ., f° 94.

et les consuls eurent seuls le droit de prendre toutes les mesures et de publier tous les arrêtés qu'ils jugeaient opportuns à la défense de l'ordre dans la ville et la banlieue.

Leur attention semble s'être portée avec un soin tout particulier sur la conservation des titres de propriété. A cet effet, ils s'attribuent sur les notaires un droit de surveillance fort remarquable. Ils mettent immédiatement en lieu sûr les Archives des Études que le détenteur, à son décès, n'a pas léguées à un de ses confrères[1]. Bien plus, ce sont eux qui règlent le tarif des notaires et veillent à ce qu'il soit strictement observé. La peste vient-elle décimer la population, les droits à percevoir à l'occasion des actes sont considérablement diminués, pour que les familles, déjà assez éprouvées par la perte successive de plusieurs de leurs membres, n'en soient pas écrasées [2].

Mais cette protection de la propriété à laquelle les consuls attachent une importance si particulière, c'est avec la plus vigoureuse énergie qu'ils la poursuivent contre les maraudeurs et les gueux, dont les bandes nombreuses, attirées par les richesses agricoles de la contrée, infestent la campagne. Ils embrigadent de nombreux agents pour en surveiller les agissements et pour protéger les récoltes contre leurs coups de main [3].

A l'intérieur, les vagabonds sont nombreux aussi ; ils les expulsent ou les font emprisonner par les officiers du roi dont la rigueur dépasse souvent la mesure et va jusqu'à l'arbitraire. Aussi les consuls visitent, chaque jeudi, les

[1] Ord. de Juan I. 16 avril 1393. LIV. VERT MAJ., f° 181.
[2] Ord. de Pierre IV. 21 décembre 1359. LIV. VERT MAJ., f° 177.
[3] LIV. DES PROV., f° 193.

prisons de la ville « *pro videndo et sciendo qui sunt illi qui capti detinentur in carceriis et quibusvis causis*[1] ». Ils somment au besoin, le viguier ou le bailli de prononcer leur jugement contre un détenu de la ville dont les officiers royaux prolongent indéfiniment la prison préventive et, à leur refus, celui-ci peut les prendre à partie et les poursuivre en dommages.

Pour réfréner la fatale passion du jeu à laquelle s'adonnait avec fureur le peuple perpignanais et qui souvent désolait et ruinait les familles, de nombreux officiers de police, sous les ordres des consuls, font une guerre acharnée aux joueurs et aux *tafurers* ou « croupiers »[2]. Dès l'an 1279, une ordonnance des consuls de Perpignan défend de prêter de l'argent au jeu, sous peine, pour le prêteur, de perdre sa créance, quel que soit l'emprunteur. En 1284, Jacques Ier de Majorque prohibe toute espèce de jeux de dés, tant dans les murs que dans la banlieue de Perpignan, sous peine d'une amende de dix sous. En cas de non paiement, le coupable recevait un coup de fouet ou de verge pour chaque sou dont il restait débiteur. Le joueur, dès lors, est classé parmi les gens qui exercent une profession criminelle et l'individu qui se livre au jeu par métier est un « infâme ». Nous savons que l'infâme était exclu de toutes les fonctions publiques. Les *alcavots* ou gens de mauvaises mœurs étaient assimilés aux joueurs.

L'une des plaies de Perpignan fut, sans contredit, une disposition excessive et ruineuse pour l'ostentation. Le long séjour des rois de Majorque dans ses murs et le spectacle quotidien du faste impressionnant d'une cour somptueuse

[1] Liv. des prov., f° 189.
[2] Liv. des ordinations, f° 54.

peuvent expliquer cet attrait, ce besoin de manifestations éclatantes et coûteuses qui caractérisait la mentalité de toutes les classes de la société et leur imposait des dépenses au-dessus de leurs moyens.

Les consuls publièrent de nombreuses Ordonnances somptuaires qui semblent avoir toujours été provoquées par l'in-observation d'Ordonnances antérieures sur le même sujet[1]. Nous n'en citerons que deux. Par la première, à la date du 19 septembre 1306, Jacques Ier de Majorque défend de porter sur ses vêtements de l'or, des perles ou toute autre pierre précieuse. Cette Ordonnance énumère les bijoux de vermeil ou d'argent dont il sera permis de se parer, ainsi que leur poids maximum. Les vêtements de drap d'or, d'argent, de soie ou de velours sont expressément interdits, et les draps de laine sont les seuls autorisés.

Un siècle plus tard, par Ordonnance du 12 mars 1409, le roi Martin Ier d'Aragon, se disant informé qu'on portait à Perpignan « des robes traînantes, vaniteuses, pompeuses et trop magnifiques, ce qui est une occasion de péché et provoque des dépenses excessives », défend de porter à l'avenir des robes semblables. Il frappe le tailleur qui les aura confectionnées et le contrevenant, de dix sous d'amende.

La pompe des funérailles, par le nombre des torches, les parements du cercueil, la multitude des prêtres célébrants et la profusion des offrandes, nécessitait des frais très considérables, auxquels les coutumes et la vanité ne permettaient pas de se soustraire. De nombreuses Ordonnances cherchent à modérer ces exagérations et à combattre ces abus. Celle du 13 mars 1383, renouvelée le 22 septembre 1388, défend de

---

[1] LIV. DES PROV., f° 199. — ORDINATIONS, f° 27.

parer le cercueil de draps d'or ; quatre torches seulement sont autorisées autour du catafalque et le poids de chaque flambeau ne doit pas dépasser cinq livres. En 1504, renouvelant une Ordonnance des consuls prise sous Louis XI, Ferdinand le Catholique défend de mettre plus de vingt prêtres aux obsèques des nobles et des bourgeois, plus de seize aux obsèques des mercaders et plus de douze pour le commun.

Aux offices des neuvaines et des anniversaires, on mettait une grande ostentation à faire précéder le cortège funèbre par une multitude de femmes porteuses d'offrandes déposées dans des corbeilles. Une Ordonnance des consuls de 1504 renouvelle la défense déjà faite plusieurs fois de dépasser le nombre de quatre corbeilles d'offrandes, « afin d'éloigner, dit l'Ordonnance, tout péché de vaine gloire ».

A une époque où les règles de l'hygiène étaient si généralement dédaignées et même inconnues par nos populations, la peste venait trop souvent désoler et dépeupler le Roussillon. Le XIVe siècle vit à trois reprises cet affreux fléau s'abattre sur notre cité terrifiée et nous voyons toujours nos consuls, inspirés par un dévouement sans faiblesses, s'efforcer, par tous les moyens connus à cette époque, d'en enrayer la contagion et d'en conjurer les ravages. Ils nomment à cet effet un *balle de morbo* qui veille spécialement à l'exécution des mesures nécessaires ou utiles, à la fermeture des maisons infectées ou suspectes, à l'envoi dans la banlieue, loin de toute habitation, des malades dès les premiers symptômes du mal, à la construction de campements convenables et suffisants, aux soins à donner aux malheureux atteints par l'implacable fléau [1].

[1] LIV. VERT MAJ., f° 668.

Des officiers spéciaux *les Clavaires* sont chargés de tous les travaux relatifs à l'assainissement de la ville et à l'opportunité du percement de nouvelles rues, sous la direction des consuls qui se réservent d'intervenir et de s'opposer à leurs décisions. C'est ainsi qu'une Ordonnance des *clavaires* du 8 octobre 1382, réglant le percement des rues à établir sur la place de la *Pella* pour aboutir à la « Loge », au *Macell* et aux rues de la *Brunateria* et de la *Ganteria*, ne fut approuvée par les consuls qu'après d'importantes modifications reconnues par eux convenables et nécessaires.

Quelquefois, ils prennent eux-mêmes l'initiative des décisions, quand il s'agit de réparations urgentes. Dès le règne de Martin, ils se font autoriser à percevoir un nouvel impôt dit de *barra* dont ils consacreraient le revenu à la construction des routes et des ponts. C'est avec les deniers de cet impôt et un emprunt spécial consenti par la Ville que les consuls purent, en 1416, contribuer largement à la construction du ruisseau de *las Canals* chargé d'alimenter d'eau la ville et le château [1].

Un gouvernement si complexe, si étendu, exigeait pour pouvoir s'exercer dans des conditions favorables, au point de vue de l'ordre public, qu'aucune influence désorganisatrice ne put venir ébranler ou contrebalancer l'autorité consulaire et en contrarier l'exercice. Le danger reposait surtout dans les corps de métiers. Il était donc nécessaire que les consuls eussent un droit de contrôle très étendu sur ces associations.

---

[1] Voir Ordon. de 1382. LIV. VERT MIN., f° 282. — Établissement du droit de *barra*, 7 février 1416. LIV. VERT MIN., t. II, f° 374. — Sur la construction du Ruisseau de *las Canals*. LIV. VERT MIN., f° 470.

Les Consuls et les Associations

Nous avons déjà vu dans notre exposé historique de l'institution consulaire combien fréquemment nos consuls intervenaient dans l'organisation politique des corps de métier [1]. Mais ils ne s'en tenaient point là, et en leur imposant les statuts dont ils surveillaient la rigoureuse observation, jaloux, dans l'intérêt même du commerce, de la cité, du bon renom de ses produits, ils réglementaient aussi les associations au point de vue professionnel et étendaient leur contrôle jusqu'à décider, sans appel, après examen, sur la qualité des objets fabriqués [2].

Certains métiers n'étaient pas seulement soumis à la visite des officiers consulaires. Leurs membres ou représentants étaient tenus de se rendre au consulat et de s'y soumettre à un examen attentif et rigoureux de leurs marchandises [3]. Les tisseurs étaient du nombre. Tous les draps, en sortant de l'atelier, devaient être reconnus vendables par les consuls qui y apposaient la marque de fabrique dont ils étaient dépositaires et qui consistait dans le nom de la ville, *Perpinya*, qu'ils imprimaient sur la pièce.

Ces règlements des consuls sur les métiers au point de vue professionnel, étaient si sages que le roi Martin, les mettant en opposition avec ceux des chefs de métiers : *Cupiditate ducti... ordinant sepissime aliquas ordinaciones dictorum ministeriorum utilitatum solummodo concernentes et in dampnum et*

---

[1] Amalgame des métiers, 25 mars 1360.
[2] Ord. de Pierre IV, 3 mars, 1365. Liv. vert maj., f° 229.
[3] Ord. de Juan Ier, 10 février 1393. Liv. vert maj., f° 230.

lesionem tocius rey publice, décida de retirer à ces derniers tout droit de faire des règlements intérieurs [1]. Mais cette mesure trop radicale dut être abrogée comme contraire aux droits des métiers, et ceux-ci conservèrent le droit de faire ces règlements, pourvu qu'ils ne fussent pas contraires aux ordonnances consulaires [2].

Il est donc permis de dire que les métiers étaient sous la dépendance absolue de l'autorité des consuls au point de vue professionnel, comme au point de vue politique.

Rien, dans la production industrielle perpignanaise, ne pouvait se soustraire à la surveillance consulaire. Mais, il ne suffit pas de produire beaucoup et dans de bonnes conditions, il faut encore écouler les produits. Les consuls s'instituent les protecteurs du commerce perpignanais.

Les Consuls et le Commerce perpignanais
Police des Marchés

« Jamais, dit M. Jaubert Campagne, chef de maison n'entra dans plus de détails, ne montra plus de sollicitude pour la bonne administration de son ménage et le bien-être de sa famille que la magistrature consulaire ne consacra de dispositions réglementaires à cette importante matière...

... Le livre appelé *des Ordinacions* qui existe parmi les anciens livres de l'Hôtel de Ville de Perpignan présente le recueil le plus complet d'ordonnances de police qu'il soit possible de composer. Ouvrage de plusieurs siècles, il atteste

[1] Ord. du 3 juillet 1400. LIV. DES PROV., t. I, l. III, fº 215.
[2] Ord. du 3 février 1402. LIV. DES PROV., fº 216.

les soins que l'autorité consulaire apporta de tous les temps
à leur rédaction, à leur existence, à leur conservation ».

Avant tout, les consuls cherchent à faire régner l'honnêteté
la plus parfaite dans les marchés. Pour être sûrs d'éviter
toute fraude sur le pesage de la farine, ils en prennent le
monopole. Ils unifient le système des poids et des mesures
et en fixent eux-mêmes l'étalon [1]. Après avoir ainsi protégé
l'acheteur contre les vols dont il peut être victime sur la
quantité, ils veillent attentivement à la garantie de toute
fraude au point de vue de la qualité.

Les viandes d'animaux morts d'accidents ne peuvent se
vendre qu'à certains étaux désignés par les consuls [2]; la vente
de la viande d'animaux malades est sévèrement interdite [3];
le poisson doit être frais; il sera vendu sur des marchés
différents, selon que le marchand est perpignanais ou étranger [4]. La police des cabarets, la vente des bois et charbons,
celle des fruits, la fabrication des matériaux à bâtir, enfin,
tous les objets nécessaires à la vie et aux besoins de l'habitant, avaient donné lieu à une infinité d'ordonnances basées
sur les plus sages motifs et les plus prudentes prévisions.

Pour faire appliquer des règlements si méticuleux, il fallait
une foule d'officiers de police. Les consuls avaient sous leurs
ordres les *mostassafs* qui s'occupaient de la police géné-

---

[1] Liv. blanc du Bayle de Perpignan. Ord. du 29 janvier 1287, f° 51.

[2] Pierre IV leur confirme ce droit. 4 décembre 1347. Liv. des prov., t. I,
l. *Rex Petrus*, f° 80.

[3] Ord. du 28 avril 1280. Liv. vert maj., f° 78.

[4] Arch. de l'Hôtel de Ville. Ordinations I, f° 40. Année 1322.
*Que negun masaler ni altre hom no gaus pausar ni vendre ni metre neguna,
carn de moria ni naffrada ni embausada ni malalta dins los massells de la
vila de Perpinya... e qui contra fara pagara C sols. Itemque negun no gaus
vendre una carn per altra sots pena de IV sols.*

rale des marchés. Mais leur surveillance ne leur parut pas suffisante pour le contrôle de la vente des denrées de première nécessité. Ils instituèrent des agents spéciaux, et, dès l'année 1347, ils nommèrent, à cet effet, deux *mostassafs* chargés de vérifier le poids et la qualité du pain et de la viande. Ces *mostassafs* visitaient les boutiques, et, dans le cas où la marchandise n'était pas conforme aux ordonnances consulaires, ils la confisquaient. Si la fraude n'avait eu lieu que sur le poids, ils portaient à la *Casa del Consolat* le pain ou la viande confisqués que les consuls se hâtaient de distribuer aux pauvres[1] ; dans le cas où la marchandise était avariée, ils la faisaient enfouir, après avoir condamné le marchand à de fortes amendes[2]. La bonne alimentation journalière de la ville était donc assurée par les consuls : mais, dans leur sollicitude, ils voient plus loin que le moment présent. Ils appréhendent par dessus tout le manque de vivres, et interdisent toute exportation dès que la disette menace la ville.

Alors, plus de ventes de grains ou de farines à l'étranger[3] ; des gardes courent la campagne pour surprendre la contrebande, et si les contrebandiers deviennent trop nombreux et qu'un important déploiement de forces soit jugé nécessaire pour arrêter leur trafic, les consuls ont recours à la *Ma Armada*. Mais si le pays n'avait pas, par suite de circons-

---

[1] Ordinations, f° 61.

« *Que tot peixoner e tot altre hom qui port e portar fara peys per vendre en la vila de Perpinya se gart quel pey no puda ni sia corrumput y que dreta via axi cant venriam de la mar o deis estays, los peixoners habitants de la dita vila que vasen pausar o descarregar los peixes a la paxoneria del masel prop la Plassa del Prosomens els peixoners estrayns a la Plassa nova del Rech* ».

[2] LIV. VERT MAJ., f° 141.

[3] LIV. VERT MAJ., f° 146. Ord. du 15 mars 1362.

tances malheureuses, produit assez de blé pour se nourrir lui-même, l'arrêt dans les exportations ne pouvait être contre la disette un remède préventif suffisant.

En cas de famine, les consuls achètent du blé à l'étranger avec les deniers de la commune et en remplissent les greniers consulaires. Quand les ressources ordinaires de la ville ne suffisent pas à ces achats, ils empruntent de force aux habitants, recourant même à la saisie et à l'emprisonnement lorsque ces derniers refusent de se soumettre à ces prêts forcés [1].

Mais ils ont même prévu le cas où la famine s'étendrait au loin, et où les provinces voisines ne pourraient subvenir aux besoins de la ville. Ils recourent alors à un privilège exorbitant qu'ils ont reçu du roi Pierre IV, et qui constitue une véritable piraterie légale. Aux termes de ce privilège dont il convient de donner le texte pour n'en pas suspecter l'authenticité, il est alors permis aux consuls [2] *Libre et impune armare galeam sive galeas cumquibus sit eis licitum navigantes frumentum, ordeum aut alium quovis granum per maria Coquiliberi et alia maria Rossilionis et Vallespirii cum proposito exonerandi illud in quibuscumque locis extra dominium nostrum compellere ad exonerandum et discarrigandum prædictum granum in Coquilibero aut alibi..... et dictos navigantes compellere ad vendendum ibidem illis preciis de quibus cum gentibus Rossilionis et Vallespirii potuerunt melius convenire.*

Il arrivait parfois que les consuls, par une crainte exagérée de disette et sous l'influence de l'affolement général, contractaient des achats de blé trop importants, et, lorsque la récolte

---

[1] Ord. roy. du 4 novembre 1375. LIV. VERT MAJ , f° 216.
[2] Ord. roy. du 4 novembre 1375. LIV. DES PROV. t. I, f° 72.

nouvelle arrivait belle et abondante, ces réserves, acquises à un prix très élevé, ne représentaient plus qu'une valeur très inférieure au prix d'achat. Les consuls forçaient alors leurs administrés à débarrasser leurs magasins à un prix déterminé, évitant ainsi à la ville une perte qui eût compromis gravement l'état de ses finances [1].

Le contrôle consulaire ne s'arrêtait pas là, il s'étendait, en général, sur tout ce qui touche à l'importation et l'exportation.

Si la pêche n'était pas assez abondante, ils interdisaient la sortie des poissons de la ville sous peine d'amende [2].

Le vin étranger, vendu à bas prix, menaçait-il de faire au vin du pays une concurrence désastreuse, ils en prohibaient l'entrée, ou lui faisait payer des droits élevés. Des agents spéciaux étaient nommés pour les percevoir [3].

Mais, si, par suite de ces mesures, le prix du vin atteignait un taux trop élevé et que la classe pauvre fût menacée de devoir s'en priver, les consuls laissaient entrer librement le vin étranger [4].

Rien n'échappe à leur vigilante attention. Perpignan n'est pas riche en eau potable et des sources vives sont découvertes hors la ville, entre la porte d'Elne et celle de Bages ; nos consuls se hâtent d'obtenir du roi, le 16 octobre 1406, l'autorisation de les capter et de les conduire sur un point déterminé de la ville où elles prennent le nom de « Fontaine Neuve [5] ».

[1] 17 février 1348. LIV. VERT MAJ., f° 211.

[2] Ord. de Gissert de Tregura, lieutenant du gouverneur, confirmant une semblable décision des consuls. 7 juin 1426. LIV. DES PROV., t. I, f° 294.

[3] Ord. de Pierre IV. 20 avril 1358. LIV. VERT MAJ., f° 217.

[4] 20 juillet 1374. LIV. VERT MAJ., f° 250.

[5] 22 août 1374. LIV. VERT MAJ., f° 249. — Le 2 avril 1405, le roi d'Aragon confirme ces deux droits aux consuls. LIV. VERT MIN., t. I.

Leur prévoyance pourvoit à tous les besoins du commerce et de l'industrie. Le nombre des teintureries est devenu si élevé, en 1365, à Perpignan, que tout fait prévoir une désolante pénurie de matières premières. Une foule d'ouvriers va rester sans travail. Les consuls n'hésitent pas à acheter, au nom de la ville, une importante provision de pastel qui constituera, pour nos teinturiers, un dépôt toujours ouvert[1].

Cette police des marchés, cette réglementation des importations et exportations sont réservées aux seuls consuls, à l'exclusion des officiers du roi ; s'il arrive à ces derniers de se permettre de délivrer des laisser-passer pour des marchandises à destination étrangère, le roi, sur une réclamation des consuls, le leur interdit expressément. Bien plus, il s'oppose à ce que, quelque haut placé qu'ils soient, ils fassent entrer, malgré les règlements de la ville, les marchandises nécessaires à leur consommation[2].

L'autorité des consuls, dans toutes les questions de police et d'administration communale, a toujours raison même de l'autorité du roi, et leur énergie à défendre leurs décisions se manifeste en maintes occasions avec une persistance fort remarquable et toujours victorieuse. Le fait suivant est à citer :

Les consuls avaient fixé pour l'emplacement du Marché des laines la place des *Clergues*. Les tisseurs n'en voulaient point et, sur leurs instantes réclamations, Pierre IV, en 1351, sans tenir compte de l'ordonnance consulaire, leur permit

---

[1] LIV. DES PROV., t. I, l. *Rex Martinus*, f° 195.
[2] Juan 1ᵉʳ menace de poursuites le châtelain du château royal de Perpignan qui a fait entrer des marchandises en fraude. 4 janvier 1396. LIV. DES PROV. t. I, l. II, f° 116.

de le transférer au « Puig Saint-Jacques ». Les consuls pro-
testent et font si bien qu'ils obtiennent gain de cause : le
marché des laines revient à la place des *Clergues*. Mais
les tisseurs, aussi tenaces que les consuls, assiègent le roi
de doléances nouvelles et réitérées et, finalement, ajoutent à
leurs supplications un don gracieux de cinquante florins.
Le roi, en dépit des consuls, les autorise à retourner au
Puig Saint-Jacques. Piqués au vif par une ordonnance qui
les humilie gravement, nos consuls s'insurgent, renouvellent
de plus en plus fort leurs réclamations, accumulent devant
le roi les raisons de leur obstination, basée sur plusieurs
motifs et notamment sur une coutume immémoriale, et,
Pierre IV, dont la religion s'était sans doute laissé égarer par
les tisseurs, donne raison aux consuls. Le marché des laines
retourne definitivement à la place des *Clergues*. On ne dit
pas si les tisseurs revirent jamais leurs cinquante florins.

ATTRIBUTIONS FINANCIÈRES DES CONSULS

Nous avons vu les consuls trouver dans l'emprunt forcé les
fonds nécessaires à leurs achats de marchandises, mais, de
pareilles mesures ne pouvaient être employées que rarement,
sous peine d'indisposer la classe riche et de gêner son commerce en le privant de ses capitaux. En temps normal, les
consuls tiraient leurs ressources de l'impôt.

Perpignan payait des impôts royaux et des impôts communaux ; mais les impôts royaux n'atteignaient la population
qu'après consentement préalable de sa part.

Alphonse Ier d'Aragon, en succédant à Guirard de Roussillon, en juillet 1172, s'était engagé, pour lui et ses successeurs, à n'exiger aucun impôt des Perpignanais sans le consentement des prohoms [1]. Depuis que les prohoms n'existaient plus en tant qu'institution, les consuls, unis au Conseil de douzaine et à quelques notables, consentaient l'impôt au roi [2]. *Quod nos et successores nostri, nisi de expresso et proprio assensu consulum, conciliariorum et capitum ministriorum et aliorum proborum hominum ipsius villæ, possimus imponere in dicta villa Perpiniani impositiones, ajudas, et exactiones aliquas.*

Cet impôt revêt même parfois la forme d'un don gracieux dont les consuls prennent toujours l'initiative. C'est ainsi qu'en 1403, Perpignan rachète le trésor de la chapelle du roi que Martin IV avait dû engager pour 19.000 florins, et, qu'en 1405, ils font au roi de Sicile un don magnifique à l'occasion de son mariage [3].

Les impositions communales étaient établies par les consuls, assistés d'un conseil de douzaine [4] et, plus tard, du Conseil général ; dans le cas d'imposition extraordinaire, l'approbation royale était nécessaire [5]. La répartition de l'impôt était confiée à sept *probi homines* dont trois étaient pris dans la *Main majeure* et deux dans chacune des autres *Mains*. C'étaient eux qui établissaient les rôles ; ces rôles étaient ensuite publiés par les consuls qui en confiaient l'exécution à des percepteurs municipaux. Les fonc-

---

[1] Déclaration de 1173. LIV. VERT MAJ., fᵒ 18.

[2] 15 décembre 1342. Ord. de Jacques II de Majorque. LIV. VERT MIN., t. I, fᵒ 175.

[3] LIV. VERT MIN., t. I, fᵒ 326.

[4] Ord. de Pierre IV du 31 juillet 1350. LIV. VERT MAJ., t. I, fᵒ 349. — Ord. de 1364. LIV DES PROV., fᵒ 89.

[5] Ord. de Pierre IV. 4 août 1364. LIV. VERT MAJ., t. I, fᵒ 156.

tions de répartiteur étaient gratuites [1] ; celles de percepteurs étaient rétribuées. Les fonds recueillis par leur ministère étaient administrés par les consuls.

Ceux-ci mandataient les dépenses ; leur gestion n'était pas soumise au contrôle royal ; ils n'avaient de comptes à rendre qu'à leurs successeurs [2].

Cependant, pour que les impôts communaux ne pussent pas être portés à un chiffre exagéré et frapper trop lourdement le contribuable, le roi Martin limita à 100.000 sous par an la somme affectée aux dépenses ordinaires ; il fallait aux consuls une autorisation royale pour dépasser ce chiffre [3], et, plus tard, Jean, Infant d'Aragon, les obligea, pour pouvoir créer des impositions nouvelles ou s'engager dans des dépenses excessives, à obtenir, au Conseil général, le consentement de la majorité dans chacune des trois Mains [4]. Sous Ferdinand II, les droits des consuls, en matière de finances, subirent quelques restrictions. Le 13 juin 1498, le roi leur défendit de percevoir directement les impôts par le ministère d'officiers municipaux : toutes les recettes auront leurs fermiers, et le budget sera équilibré à l'entrée en charge des consuls ; aucune dépense, même ordinaire, ne pourra être engagée de leur seule autorité ; toute opération de finances quelconque nécessitera l'intervention du Conseil de douzaine [5]. Les con-

[1] LIV. VERT MAJ., f° 47.

[2] Ord. de Martin 15 janvier 1399. LIV. VERT MAJ., t. I, f° 335.

[3] 1ᵉʳ mai 1406. LIV. VERT MIN., f° 347.

[4] 14 juin 1455. LIV. DES PROV., l. IV, f° 327. — Cependant les consuls garderont l'initiative des dépenses et la création des impôts.

[5] Le Conseil général nommait dans son sein une série de Conseils de douzaines, à chacun desquels, il déléguait ses pouvoirs pour une catégorie déterminée d'affaires.

suls ne pourront disposer en toute liberté que d'une somme
de 400 livres pour les menues dépenses du consulat [1].

Les restrictions, apportées par le roi d'Espagne, étaient
justifiées par le déficit toujours croissant qui s'accusait dans
les finances municipales, par suite de l'occupation française
par Louis XI et de la misère qui s'était abattue sur le Roussillon, au milieu des horreurs de cette longue et désastreuse
lutte.

Le commerce de Perpignan, en effet, s'en trouva inter-
rompu. Les fabricants de drap durent fermer leurs ateliers et
une multitude d'ouvriers quittèrent la ville. La classe riche
fut la plus éprouvée. Beaucoup de nobles et de bourgeois
avaient été dépouillés de leurs biens et avaient dû s'exiler en
Catalogne. En cet état, les revenus de la ville furent tellement
réduits, qu'il en résulta une perturbation complète dans ses
finances. La plus stricte économie s'imposait et, les consuls,
devant les besoins immenses de cette ville à demi ruinée,
eurent à surmonter bien des difficultés et à passer par bien
des angoisses.

En 1505, les finances municipales de Perpignan se trouvaient encore dans un tel désarroi que les consuls se voyaient
dans la douloureuse expectative de fermer la caisse municipale si Ferdinand n'était intervenu. La crise fatale fut
conjurée par une ordonnance royale du 8 août de cette même
année, qui donna le règlement du budget et l'administration
financière de la ville aux officiers royaux [2]. Cette mesure
énergique, qui ne pouvait être que momentanée et qui

---

[1] Les dépenses consistaient en achat de *lum, paper, carbo, candeles, cera
gommada per segellar les apoques e letres.*
[2] LIV. VERT MIN., t. II, f° 538.

blessait si profondément l'amour-propre perpignanais eut toutefois pour résultat de remettre les finances de la ville dans une situation relativement normale. Cet arrêté royal dont l'utilité n'était pas douteuse excita néanmoins le mécontentement des consuls et du peuple. Le roi l'abrogea peut-être prématurément le 5 juin 1510[1]. Les consuls, assistés de leurs conseillers, rentrèrent dans leurs droits.

Durant la courte période de leur contrôle, les officiers royaux n'avaient pu complètement relever la situation financière ; mais, si les impositions communales pesaient encore lourdement sur le contribuable, elles étaient du moins équitablement réparties. Tous les habitants *tam milites quam quilibet alii*, payaient les impôts municipaux[2]. Les nobles eux-mêmes, bien qu'ils ne fussent pas considérés comme habitants de Perpignan, étaient astreints à la règle générale pour les immeubles qu'ils possédaient dans la ville. Les juifs, habitant un quartier complètement distinct de la ville proprement dite, étaient, de ce fait, dispensés de l'impôt communal et ne dépendaient que du roi[3]. La garnison refusait souvent de payer les impôts communaux, mais les rois n'hésitaient pas à lui rappeler ce devoir. Aucune exemption ne leur paraissait acceptable qu'elle fut basée sur la naissance ou sur la situation sociale. Exigeant de tous le paiement intégral des taxes communales, nos rois s'y soumettaient eux-mêmes quand ils venaient habiter Perpignan[4].

---

[1] LIV. VERT MIN., t. II, f° 542.
[2] Ord. de Jacques le Conquérant, 30 août 1264. LIV. VERT MAJ., f° 52.
[3] Esclavage en Roussillon de P. Vidal, p. ?
[4] Déclarations d'Alphonse V du 14 décembre 1450, reconnaissant que la boucherie, établie par la reine pour l'usage de sa cour, doit payer la taxe sur

L'impôt ainsi perçu, d'abord par les agents des consuls et, plus tard, par les fermiers du fisc, était déposé dans une banque appelée *la Taula de cambi* qui jouait le rôle de trésorerie générale.

La *taula* encaissait le revenu des impositions et fournissait l'argent pour les dépenses. Cet établissement était honoré d'une grande confiance par les Perpignanais qui prirent l'habitude d'y déposer des sommes d'argent et des objets précieux ; il jouit bientôt du droit de pratiquer toutes les opérations de banque, demeurant toujours soumis au contrôle des consuls qui en nommaient et payaient tout le personnel [1]. Pour donner confiance aux étrangers, les consuls obtinrent d'Alphonse V que les dépôts faits à la « taula » ne pourraient être saisis que pour les dettes propres des déposants. Plusieurs points de détail de son fonctionnement furent réglés par les rois d'Aragon, mais son organisation définitive lui fut donnée par une ordonnance des consuls du 18 juin 1498 : La banque devait être ouverte au public trois fois par semaine, deux heures le matin et deux heures le soir ; la caisse serait vérifiée une fois par semaine devant tous les employés et contrôlée par les consuls une fois par mois ; la *taula* recevrait tous les dépôts judiciaires.

Cette institution, uniquement contrôlée par les consuls assistés d'un conseil de douzaine, n'avait pas les sympathies de Ferdinand le Catholique, qui chargea de toutes les opérations de trésorerie municipale, un agent, de création nouvelle, appelé *Clavaire bourgeois* [2], mais, sur les réclamations des

la viande. LIV. DES PROV., l. IV, f° 332. La reine Marie passa plusieurs années à Perpignan.

[1] LIV. VERT MAJ., f° 325.

[2] Déclaration du 1ᵉʳ septembre 1510. LIV. VERT MIN., t. II, f° 542.

consuls, basées sur l'augmentation des dépenses qui résultait
de la réforme royale, Ferdinand rétablit l'ancienne *Taula*.
Il augmente même ses attributions, en lui donnant le monopole des opérations de banque et la garantie de l'État pour
les dépôts qui y seraient versés. Tout en paraissant concéder
de nouveaux privilèges, ne se donnait-il pas le droit de
contrôler ainsi de très près les opérations de la Banque
municipale ?

<h3 style="text-align:center">LES CONSULS ET LE PATRIMOINE COMMUNAL
LES ŒUVRES DE BIENFAISANCE</h3>

L'impôt n'était pas la seule ressource qui alimentât les
dépenses des services publics. La ville avait un patrimoine
propre. Les exemples d'acquisitions ou de ventes, consenties
par les consuls avec l'homologation du roi, ne se comptent
pas ; les consuls achètent, vendent, transigent au nom de la
ville, tantôt seuls, tantôt avec l'assentiment du Conseil de
douzaine, tantôt avec celui du Conseil général, suivant les
époques [1].

A la suite de multiples achats et expropriations et surtout
de donations consenties par des particuliers et de dons faits
par les princes, le patrimoine communal allait tous les
jours grandissant sous la vigilante et sage administration des
consuls.

Dès leur entrée en fonction, ils se faisaient un devoir d'en

---

[1] En 1379, Pierre IV leur permet d'acheter la maison d'en Tagell pour y
mettre les archives. LIV. DES PROV., 1. *Rex Petrus*, f° 85. — Transactions en
1297. LIV. VERT MAJ. f° 79. — Expropriation ordonnée par les consuls pour
cause d'utilité publique. LIV. VERT MIN. f° 134.

dresser un inventaire détaillé et minutieux. Rien n'y est omis et, après les immeubles, nous y trouvons la longue liste des *joyhes, libres, armeses, artilleries, forniments, victualles..., etc...,* joints à tous les *privilèges, cartes, letres, e altres scripturas,* qui s'y rapportent. Ces inventaires leur permettront, à leur sortie, de rendre un compte exact de leur gestion dans un écrit destiné à leurs successeurs et qu'ils appellent leur *testament.*

Les établissements charitables étaient, de tous ces biens, ceux dont la bonne gestion intéressait le plus le peuple perpignanais. L'hôpital, le plus important de tous, avait été fondé par Arnaud Gausfred, comte de Roussillon, qui en avait confié l'administration à l'évêque[1]. Cette œuvre était donc primitivement diocésaine. Plus tard, les consuls en achetèrent, moyennant 150.000 sous de Maguelonne, le droit de patronat, à l'Infant Jacques, auquel il appartenait par droit d'héritage. Devenue ainsi communale et par conséquent destinée à recevoir les malades pauvres de Perpignan, un conflit s'éleva entre les consuls, qui entendirent s'en réserver exclusivement la gérance absolue, et l'évêque qui prétendait conserver certains droits dont l'exercice eût diminué d'autant la libre administration des consuls.

Ce conflit assez caractéristique ne devait point, d'ailleurs, se compliquer ni traîner en longueur. L'évêque et les consuls choisirent d'un commun accord pour le trancher, Pierre, évêque de Gérone et Arnauld de Palma, archidiacre de Vich, qui reconnurent aux consuls leur droit absolu de « Patronat », avec celui de nommer l'*Ospitaler* ou direc-

[1] Fondation de l'Hôpital Saint-Jean, par Arnaud Gausfred. Charte du 5 avril 1116.

teur de l'hôpital. Une autorité nominale, équivalant à une sorte de présidence d'honneur, fut toutefois décernée à l'évêque qui devait « investir » l'*Ospitaler* et conserver sa surveillance et toute son autorité sur les frères infirmiers au point de vue religieux et spirituel [1].

Cette administration de l'hôpital imposait aux consuls une particulière vigilance et une constante préoccupation. En effet, il ne suffisait pas seulement pour eux de maintenir cette œuvre fondée par le comte Gausfred, ils devaient encore, sur les intentions fort nettes du fondateur, s'efforcer de la développer et l'enrichir chaque jour davantage. Le Comte Gausfred avait voulu que l'Hôpital des pauvres de Perpignan jouit de tous les droits d'une personne civile, de tous les avantages d'un particulier. Aussi, son rayon d'action s'étendit bientôt [2]. L'hôpital de Perpignan, destiné d'abord « à soulager, consoler et soigner les pauvres du Christ » devint aussi l'hospice des enfants trouvés et l'*Ospitaler* donnait six deniers pour chaque enfant abandonné et déposé dans ses murs.

Une autre hôpital, celui de Saint-Lazare (*San Latzer*), asile des filles repenties, était propriété communale, et les Consuls se chargeaient de pourvoir à ses besoins et d'en surveiller la bonne tenue.

L'œuvre de la « Pieuse aumône » qui portait des secours à domicile aux pauvres et malades de la ville, était encore l'objet de leur sollicitude. Ils en nommaient les deux directeurs *(rectors)* et en contrôlaient le fonctionnement.

Mais la situation géographique de Perpignan, qui amenait

[1] LIV. VERT MAJ., f° 70.
[2] LIV. VERT MAJ., f° 163.

dans ses murs une multitude de négociants étrangers, voyageant pour leurs affaires, ou de pèlerins allant à Saint-Jacques-de-Galice, avait fait reconnaître la nécessité d'un établissement de charité où seraient logés et hébergés, aux frais de la ville, les voyageurs de passage. Nous ignorons la date de fondation de cette œuvre pieuse, certainement antérieure à l'an 1395[1] ; mais nous savons que négociants, souvent détroussés par les voleurs, ou pauvres pèlerins à la besace vide, trouvaient toujours un gîte et une table convenables à l'Hôpital des Pèlerins aux frais de la commune.

Si les consuls n'administrent point par eux-mêmes tous ces établissements de charité, ils y exercent du moins un très sérieux contrôle, surtout au point de vue financier ; ils en vérifient les comptes à leur entrée en fonction, avant d'en prendre la responsabilité ; ils veillent, pendant qu'ils sont en charge[2], sur leurs dépenses et, grâce à une gestion, basée sur la plus stricte économie, ils arrivent, avec des ressources relativement peu abondantes, à venir en aide à un grand nombre de malheureux.

Les Consuls et l'Enseignement

C'est à l'initiative et à l'instante prière des consuls que Perpignan dut l'inappréciable bienfait de la création de son Université. Pierre IV, dans une ordonnance solennelle du 13 mars 1350[3], reconnaît qu'il est temps d'ajouter ce dernier

---

[1] Nous savons en effet, par les papiers du notaire, Romeu, qu'à cette époque il lui fut fait don d'un lit.
[2] Ord. de Sanche, roi de Majorque, 18 février 1312. LIV. VERT MAJ., t. I, f° 121.
[3] LIV. VERT MIN., f°ˢ 268 et 277.

fleuron à la couronne d'une cité déjà si remarquable par la civilisation qui la distingue, par sa prospérité commerciale, par la fécondité de son sol, par l'intelligence naturelle et déjà cultivée de ses habitants, et il charge les consuls de l'installation des maîtres et des élèves de l'institution nouvelle. L'influence des consuls sur l'Université de Perpignan, il faut bien le dire, se vit limitée dès l'origine et pendant toute la domination espagnole par l'esprit d'indépendance dont le corps universitaire ne cessa de faire preuve. Leur intervention dans l'administration de l'Université ne consistait guère qu'en l'entretien de certaines chaires et en leur assistance au concours qui avait lieu à l'Hôtel-de-Ville pour la nomination des titulaires de ces chaires. Mais en revanche, leur influence et leur autorité se manifestaient amplement sur l'enseignement élémentaire.

Cet enseignement était professé, en dehors du monopole de l'Université, par des maîtres privés. Ces maîtres ne pouvaient exercer que sous la dépendance absolue des consuls qui devaient les agréer et pouvaient les révoquer s'il y avait lieu. Ils existaient à Perpignan dès le xive siècle et tout semble établir qu'ils étaient déjà fort nombreux à cette époque. L'Université, elle aussi, donnait l'enseignement primaire. Elle possédait une chaire de grammaire où l'on enseignait à lire, écrire, compter et les premiers rudiments du latin. Cette chaire n'avait pas de titulaire spécial ; le titulaire de la chaire des arts, chargé d'enseigner la *poesia, logica et retorica*, avait aussi le soin de l'enseignement élémentaire.

Mais la chaire des arts se sépara de l'Université en 1553 pour former un enseignement à part et se chargea, dès lors, de l'enseignement secondaire et primaire sous l'autorité des consuls.

Le choix des maîtres se fait quelquefois par un contrat
amiable entre les consuls et le maître nommé par eux et sans
autres formalités ; mais, le plus souvent la place est donnée
au concours. Dans ce cas et quelques jours avant le concours
(*oppositio*), les consuls faisaient publier dans la ville et
quelquefois dans les villes voisines le *cartell d'oppositio* qui
indiquait l'heure, le lieu et les conditions de l'épreuve. Ils
nommaient le jury d'examen tout en s'en réservant la présidence, bien qu'ils ne prissent aucune part à la délibération
de ses membres, et le candidat, admis par le jury, se liait
aux consuls par un contrat dont ceux-ci avaient, au préalable,
fixé les termes avec un conseil de douzaine appelé à cet effet
Dotzena del studi.

Ce contrat était sévère, rigoureux ; les consuls fixaient au
maître l'emploi de son temps [1] ; ils lui louaient sa science et
ils entendaient qu'elle fût toute entière au service de leurs
jeunes administrés. Le maître était tenu de faire lui-même sa
classe, sans interruption, sauf en cas de maladie, avec
défense de s'absenter. Le suppléant ou les suppléants, que les
consuls pouvaient l'autoriser à s'adjoindre à ses risques et
périls, devaient être acceptés par la commune. Toute infraction à ses obligations l'exposait à des pénalités pécuniaires
fixées par les consuls ; chaque classe manquée était punie
d'une amende de deux à six réaux. En cas de négligence
avérée et prolongée, les consuls prononçaient sa révocation.
Son enseignement lui-même était surveillé. Le maître ne
devait pas substituer à l'enseignement accoutumé un enseignement inférieur et ne comprenant pas le programme de
l'école ; les livres d'étude étaient choisis par le recteur de

[1] ARCH. COM., série BB, reg. 30, f° 230.

l'Université, ainsi que la matière des leçons, à la prière des consuls.

Le traitement des maîtres, surtout au début de l'école communale, n'était pas très élevé [1], mais il se trouvait singulièrement accru par les *mesades* ou mensualités que les consuls autorisaient à percevoir des familles riches dont les enfants fréquentaient l'école. La crainte de voir les maîtres abuser de cette autorisation et devenir exigeants et cupides, fit bientôt fixer par les consuls le taux maximum de ces *mesades* [2] qui ne devaient jamais être perçues des familles pauvres. Les enfants du peuple entraient gratuitement à l'école sur une simple déclaration des consuls indiquant leur indigence.

Aussi, a-t-on pu dire, en toute vérité, qu'à Perpignan « l'enfant du pauvre et l'enfant du riche, assis sur les mêmes bancs, partageant les mêmes travaux, les mêmes couronnes, recevaient une instruction dont la patrie faisait tous les frais et qui les conduisait jusqu'à cette Université où la patrie leur ouvrait, encore à ses frais, le sanctuaire de toutes les sciences [3] ». Avec la science, l'enfant du peuple devenu légiste, venait prendre souvent place dans les rangs de la plus haute classe de la société perpignanaise : la Main majeure.

---

[1] 50 ou 100 livres par an. Au début du XVIIe siècle, 300 livres.
[2] ARCH. MUNICIPALES, série BB, reg. 7, f° 326.
[3] *Essai sur les Anciennes Institutions Municipales* de Jaubert Campagne.

ATTRIBUTIONS JUDICIAIRES DES CONSULS

Les attributions judiciaires des consuls s'exerçaient sur des questions très nombreuses et très diverses dont certaines revêtaient un caractère particulier très important et digne d'être signalé.

Les consuls constituaient le Tribunal de Police. Ils connaissaient donc, en général, de toutes les affaires auxquelles donnaient lieu toute infraction à leurs ordonnances. Ne pouvant suffire aux exigences d'une telle judicature, ils en chargèrent bientôt des officiers spéciaux. Les Clavaires[1], se réservant, en cas d'appel, de prononcer en dernier ressort et à l'exclusion de tout autre tribunal[2]. Les baillis et les viguiers ou juges royaux ayant émis des prétentions à l'exercice de ces fonctions judiciaires, le roi, sur la protestation des consuls, cassa leurs décisions et leur fit défense, à l'avenir, de prononcer sur aucune de ces clauses exclusivement réservées aux consuls[3].

Les associations de métier, les confréries, les multiples groupements de toute nature constitués à Perpignan pour la défense et la coordination des intérêts moraux et matériels de leurs membres, donnaient souvent lieu à des conflits qui exigeaient de la part des juges d'autant plus de sagesse et de tact, que ces conflits s'élevaient parfois entre groupements ou associations plus ou moins rivales et pouvaient dégénérer en rixes et violences[4]. Nos consuls étaient les plus qualifiés

---

[1] Création des Clavaires: 21 mars 1332. LIV. VERT MAJ., f° 138.
[2] LIV. DES PROV., f° 296.
[3] Ord. d'Alphonse V. 17 novembre 1447. LIV. DES PROV., f° 309.
[4] LIV. DES PROV., f° 206.

pour exercer une influence apaisante dans ces contestations délicates, et leurs décisions sans appel étaient toujours bien accueillies.

Il en était de même pour toutes les contestations et voies de fait que suscitait le droit d'usage des habitants de Perpignan aux eaux du ruisseau de *las Canals* qui desservait la ville et la citadelle, dont les consuls avaient toute juridiction au criminel comme au civil[1].

Le tribunal des quatre *sobreposats de la Horta*, dont deux étaient nommés par les consuls et deux par les jardiniers[2], connaissaient de nombreuses affaires : appréciations de dommages causés aux champs, délits ruraux, infractions aux règlements d'arrosage par les tenanciers des divers canaux d'irrigation, entretien des chemins ruraux, question de possession etc..., et leur compétence s'étendait, en général, à toute la banlieue de Perpignan. Ici encore, les consuls étaient les juges d'appel et prononçaient en dernier ressort.

A toutes ces charges qui exigeaient un si grand dévouement à la chose publique et devaient absorber une grande part de leur temps et de leur activité, il faut ajouter encore la pleine juridiction qu'ils exerçaient sur la seigneurie du Vernet, achetée par eux au chevalier Pierre de Marça, en 1443[3].

Nous avons déjà vu combien, au point de vue politique, la juridiction des consuls était élevée et absolue, puisque c'était

---

[1] LIV. VERT MIN., f° 470.

[2] Les deux *sobreposats*, nommés par les consuls, aussi bien que les deux *sobreposats*, nommés par les jardiniers, pouvaient être remplacés d'office, au cours de leur magistrature, en cas de « malice ou d'insuffisance » par quatre autres, choisis par les consuls. Ord. de Pierre IV: 10 février 1384. LIV. VERT MAJ., f° 57.

[3] LIV. VERT MAJ. f° 331.

aux consuls qu'était dévolu le remarquable privilège de fixer, dans les limites prévues par la loi, la composition des trois classes qui constituaient la population perpignanaise, et d'éloigner ainsi du gouvernement de la cité, par des arrêts sans appel, tous ceux qu'ils ne jugeaient pas dignes d'y prendre part.

CHAPITRE V

Institution Consulaire 1660-1789

Les rois d'Espagne n'avaient guère changé les attributions des consuls ; ils s'en étaient tenus à celles que leur avaient données les rois d'Aragon et les légères modifications apportées en matière de finance, dictées d'ailleurs par la nécessité, n'avaient pas été suffisantes pour indisposer le peuple, quelque attaché qu'il fut à ses institutions.

Mais les vexations que firent subir aux Roussillonnais les troupes castillanes et la faiblesse du gouvernement espagnol ne s'opposant à ces vexations que d'une manière toute superficielle, avaient suscité contre l'Espagne des haines profondes.

Aussi, n'est-il pas étonnant de voir, en 1640, la Catalogne et le Roussillon se donner à la France par l'intermédiaire de leurs Corts.

Nous n'avons pas à exposer les longues luttes de la France et de l'Espagne jusqu'au traité des Pyrénées qui ne fit que confirmer officiellement un fait déjà accompli : l'annexion à la France du Roussillon, de la Cerdagne et du Vallespir.

Depuis 1642 jusqu'en 1660, le pays occupé militairement, était, comme tous les pays conquis, soumis à l'autorité com-

9

plète du vainqueur ; mais les dépositaires de cette autorité surent en user avec modération.

Une série de lettres de Mazarin [1] nous prouvent le soin avec lequel il s'occupait des populations roussillonnaises et, les actes des représentants du roi de France dans la province étaient en tout point conformes aux volontés du premier ministre.

Sagarre, gouverneur du Roussillon, sut maintenir l'ordre par sa fermeté : il frappa impitoyablement les grands qui, ne trouvant pas assez considérable la part qu'on leur faisait dans la distribution des biens des bannis, cherchaient à soulever le peuple, mais il fut humain pour les petits. Chaque fois que les soldats français se livraient à des brigandages sur les paysans, le gouverneur s'en plaignait au Prince de Conti, généralissime des armées françaises en Catalogne, et celui-ci ne reculait pas devant les mesures les plus sévères pour réprimer les brutalités des troupes.

Dès lors, malgré la continuation de la guerre avec l'Espagne, les travaux de la terre furent repris, les champs ensemencés ; la tranquillité revint. Le peuple accepta la domination française sans regret pour le passé.

Quand, après le traité des Pyrénées, Louis XIV fit son entrée à Perpignan, avec l'intention annoncée bien haut de confirmer tous les anciens privilèges, il fut reçu avec enthousiasme [2].

Sauf quelques révoltes partielles, occasionnées par la mala-

---

[1] Voir dans la *Revue d'Histoire et d'Archéologie du Roussillon*, l'annexion du Roussillon à la France, par Ph. Torreilles.

[2] 6 janvier 1660.

dresse des percepteurs d'impôts, il n'y eut en Roussillon aucune résistance contre la domination française.

La province fut organisée administrativement à peu près comme les autres provinces françaises ; dès le 29 novembre 1660, elle eut son intendant.

Nous n'avons pas à nous occuper ici de son organisation générale, nous étudierons seulement les modifications qu'apportèrent les rois de France à l'organisation municipale de Perpignan.

Le système de centralisation de Louis XIV ne pouvait s'accommoder de la large indépendance de la municipalité perpignanaise, et cependant, il était dangereux de porter une atteinte sérieuse aux coutumes de ce peuple qui avait mieux aimé abandonner l'Espagne que se soumettre au despotisme de ses rois.

Louis XIV, pour se concilier les Roussillonnais, jura solennellement de conserver tous les privilèges et toutes les franchises de la province. Mais, après avoir donné cette satisfaction à l'esprit d'indépendance local, il ne se soucia plus de tenir son serment.

Il ne changea pas la forme générale du gouvernement municipal, mais il tint à pouvoir exercer sur lui un sérieux contrôle. En 1662, il décida que, désormais, le premier consul n'aurait plus la présidence du Conseil général et que cette présidence appartiendrait au gouverneur de la province et, à son défaut, à l'intendant. Le gouverneur de la province de Roussillon était le duc de Noailles, mais, comme il résidait à Paris et qu'il venait rarement en Roussillon, la direction des délibérations du Conseil général appartenait en fait à l'intendant ; c'était lui qui fixait l'ordre du jour.

Le Conseil général n'intervenait que rarement dans l'administration de la cité ; pour éviter de se réunir trop souvent, il
avait pris l'habitude de nommer des commissions, appelées
douzaines, chargées de le représenter et d'assister les consuls
dans les affaires où ils avaient besoin de ses avis. Les
consuls auraient donc gardé vis à vis de l'intendant une
indépendance assez grande si le roi s'était contenté, pour son
représentant, de la présidence du Conseil général. Mais,
Louis XIV se servit d'une prérogative, toujours reconnue à la
couronne d'Aragon, par la population perpignanaise, pour se
réserver, en fait, le choix des consuls.

Dès l'origine de la commune de Perpignan, le roi, ou à son
défaut, le gouverneur, pouvait opposer son veto à la nomination de tel ou tel consul qui ne lui paraissait pas posséder
toutes les qualités requises pour remplir cette haute fonction.
En fait, ce n'était là qu'une formalité et, il fallait une rébellion
ouverte contre l'autorité du roi pour que celui-ci usât de ce
pouvoir.

Louis XIV, au contraire, profita de cette clause pour n'accepter que des consuls favorables à la France. Pour éviter
ses refus, les consuls en charge s'accoutumèrent, lorsqu'il
s'agissait de nommer leurs remplaçants, à extraire des
bourses d'élection, trois noms au lieu d'un seul. Ils les
soumettaient ensuite au choix du gouverneur ou, en son
absence, de l'intendant. En 1670, cette habitude était définitivement admise comme une règle.

Dès lors, c'est le gouvernement royal qui, en réalité,
nomme les consuls ; et il en sera ainsi jusqu'à la ruine de
l'Institution. Dans son mémoire sur la *Province de Roussillon et le pays de Foix*, le subdélégué général Poeydavant

constate cette mainmise de l'autorité royale sur le choix des consuls :

« ... Le sort décide du choix des consuls dans toutes les villes ou lieux de la province à l'exception de Perpignan où, par un usage qui remonte aux premiers temps de la réunion du Roussillon à la France, le gouverneur est en possession de désigner les consuls. L'extraction n'est donc, à leur égard, qu'une pure formalité qui semble couvrir les privilèges de la ville ».

Le roi considéra comme si bien acquis son droit de nommer les consuls, qu'en 1692, il crut pouvoir se substituer complètement aux représentants du peuple et se passer de leur collaboration dans les élections consulaires. Poussé d'ailleurs par le besoin d'argent, motivé par la guerre contre la Ligue d'Augsbourg, et, sûr que la population ne pourrait protester, puisque les armées françaises étaient partout victorieuses et particulièrement en Catalogne où le duc de Noailles venait de prendre aux Espagnols Urgel et Roses et menaçait Barcelone, il rendit une Ordonnance d'avril 1692[1] par laquelle il créait des offices municipaux dans toutes les villes du royaume : le Roussillon, malgré l'assurance qu'il avait reçue de ne point perdre ses privilèges, n'était pas exempt de cette règle. On créa de ces sortes de charges dans 139 communes. Tout particulier pouvait en acheter et jouir ainsi des prérogatives consulaires ; mais les communes s'empressèrent de racheter ces offices dont 43 seulement restèrent la propriété de particuliers. Il nous est parvenu un tableau sur lequel sont inscrits les noms des communes où ces mairies furent

[1] ARCH. MUNICIPALES, Série AA, Liasse 16.

vendues, ceux des acheteurs et les prix d'achat[1]. Perpignan n'y figure pas, car le 26 août 1694[2], il avait acquis du roi, moyennant 16.000 livres, le droit de choisir ses magistrats. Pour trouver cette somme, les consuls réunirent les notables de chaque Main et devant l'impossibilité absolue d'aboutir à leur fin par des moyens ordinaires, ils eurent recours à une mesure qu'on n'employait autrefois qu'au moment des plus grandes difficultés et des plus accablants désastres : l'emprunt forcé.

On réquisitionna chez les plus riches propriétaires de la ville, 1000 charges de blé, évalué à 16 francs la charge par l'intendant, et on les donna en paiement au roi.

De 1694 à 1700, une multitude d'emplois municipaux furent ainsi institués par le roi en titre d'office[3]. Perpignan les racheta tous et paya de ce fait 101.706 livres, 5 sous, 2 deniers[4]; 111 livres, 10 sous durent être aussi payés par la ville pour faire enregistrer ses armoiries au bureau du procureur général[5]. Seul, un besoin pressant d'argent pouvait justifier

---

[1] Etat des mairies vendues de 1692 à 1694 en Roussillon en vertu de l'Édit de 1694. ARCH. DE L'INTENDANCE, rapporté par Henry dans son Manuscrit, Preuve XXV.

[2] ARCH. MUNICIPALES, Série AA, L. 16.

[3] ARCH. MUNICIPALES, Série AA, L. 16. Édit du roi portant création des offices de jaugeurs de futailles (avril 1696).
Mise en demeure de payer la somme due pour le rachat des offices de mouleurs, peseurs, mesureurs, etc., adressée aux consuls (10 novembre 1696).
Édit du roi portant création de commissaires et greffiers de police, etc. (novembre 1699).
Arrêt du Conseil d'État autorisant le rachat de ces offices (7 décembre 1700).

[4] État des sommes payées par la communauté de Perpignan pour le rachat des charges municipales créées par le roi (1722). ARCH. MUNICIPALES, Série AA, L. 16.

[5] Sommation à MM. les Consuls de Perpignan à la requête d'Adrien Vanier, d'avoir à faire enregistrer les armoiries aux bureaux du procureur général (14 octobre 1700). ARCH. MUNICIPALES, Série AA, L. 16.

cette mesure de la part du roi de France et il semble qu'on n'aurait jamais plus dû se servir de pareils moyens.

Cependant, les mairies en titre d'office furent rétablies en 1733. Elles ne trouvèrent pas d'acquéreurs. Les communes elles-mêmes, qui avaient déjà dû s'imposer de très sérieux sacrifices en 1694, voyant rétablir une institution dont elles avaient pourtant racheté l'abolition, ne se soucièrent pas de payer une seconde fois. Afin de les y contraindre, le Conseil d'État rendit, en 1742, un arrêt pour suspendre toute nomination aux places consulaires dans le Roussillon et le Roi donna des commissions provisoires à des sujets qui lui furent indiqués par l'intendant et qui demeurèrent en fonctions pendant plusieurs années. Le 3 juin 1744, il donna commission à Pierre-Joseph Besombes pour exercer l'office de premier consul de Perpignan qui n'avait pas trouvé d'acquéreur [1]. Il croyait ainsi amener les communes, désireuses de garder le droit d'élire leurs magistrats, à acheter les nouveaux offices. Il n'en fut rien. Alors, « le double désir de tirer quelque parti de la création de 1733 et de rendre aux communautés la douceur d'être gouvernées par des officiers à leur gré, fit naître l'idée d'une réunion à prix d'argent qui, en procurant quelques secours à l'État, remettrait les corps d'habitants dans la possession où ils étaient avant 1742 de choisir les sujets propres à l'administration municipale », et un arrêt du Conseil d'État du 17 avril 1751 [2] fixa définitivement la question de la vénalité des charges.

Cet arrêt supprime les titres d'offices créés par le roi

[1] LIV. DES PROV., t. II, f° 165.
[2] LIV. DES PROV., t. II, f° 193.

en 1733, moyennant la somme de 250.000 livres versées par
toutes les communes réunies, au trésor du roi.

Perpignan aurait dû payer pour sa part : 72.908 livres ;
mais, comme les autres villes de Roussillon n'auraient pas
été assez riches pour racheter la liberté de choisir leurs
magistrats, la municipalité de Perpignan se mit en lieu et
place de la province et emprunta les 250.000 livres qu'elle
paya directement[1]. Pour que cette dette pût être amortie,
le roi permit aux consuls de lever en Roussillon et à Perpignan 36.000 livres par an d'impôts nouveaux pendant dix ans
et six mois. Le nouveau règlement fut mis en pratique
le 1er juin 1751 ; il devait par conséquent être aboli le 1er décembre 1761. Mais le roi, avant l'expiration de ce terme
prorogea, au mépris de toute justice, la perception de cet
impôt et, lorsque Perpignan eut payé sa dette, l'impôt n'en
persista pas moins, non au profit de la ville, mais au profit
du roi. Il en fut ainsi jusqu'en 1788.

Ces abus de pouvoir furent sévèrement jugés par les officiers royaux eux-mêmes :

« Les besoins de l'État sont si pressants qu'ils forcent à
passer par-dessus des considérations d'équité qu'on écoute-
rait sans doute en toute autre conjoncture, mais on n'avait pas
encore vu qu'après le paiement effectif d'une chose, le roi
s'emparât des fonds assignés dans le principe pour le rem-
boursement d'un emprunt fait à son profit ; qu'il en perpétuât
la levée également à son profit et que, néanmoins, il voulut

[1] Ce fut le sieur Roumagières qui fit l'avance de cette somme à la ville le
27 avril 1751. LIV. DES PROV., t. II, f° 196. — Perpignan chargea un sieur Amalit
de toutes les opérations du paiement le 22 juillet 1751. LIV. DES PROV., t. II, f° 208.
Il obtint quittance de la somme de 250.000 livres le 30 octobre 1751. LIV. DES
PROV., t. II, f° 209.

vendre de nouveau cette même chose. C'est cependant ce qui est arrivé pour les offices municipaux [1] ».

Le rachat des offices municipaux coûta 1.317.000 livres au Roussillon. Il fallait que la province, et, surtout la capitale qui avait supporté la plus grosse part des frais, tinssent beaucoup à la seule ombre de leurs antiques privilèges pour accepter de payer à ce prix un semblant de liberté. Et cette apparence de liberté faillit leur être ravie en 1771 : A cette date, les charges municipales en titre d'office furent rétablies dans toute la France, et le Roussillon aurait subi la loi générale sans l'intervention de son gouverneur, le duc de Noailles, qui demanda au Contrôleur général des finances de suspendre l'envoi de l'édit royal pour lui permettre d'agir auprès de Louis XV ; celui-ci écouta favorablement la requête du duc de Noailles et ne voulut point ruiner les finances de la Province par une institution qui n'était qu'un impôt déguisé. Il se rappelait, d'ailleurs, la résistance désespérée qui lui avait été opposée, en Roussillon, lorsqu'en 1766 il avait essayé de modifier la constitution municipale de ses communes et de les soumettre au droit commun français en matière administrative. Cette résistance avait été si opiniâtre qu'il s'était vu obligé, en 1768, de rétablir l'ancien ordre des choses.

Nous exposerons rapidement cet essai des réformes municipales de 1766.

Sous le ministère de M. de la Verdy, des édits municipaux furent rendus, en août 1764, applicables aux villes relevant du Parlement de Paris ; le ministre avait fort à cœur d'en

[1] Mémoire de M. Poeydavant.

étendre les dispositions dans tout le royaume. Pour arriver à
ses fins dans notre province, il trouva dans la cour suprême
du Roussillon un auxiliaire précieux, si nous en croyons le
mémoire du subdélégué général Poeydavant : « Le Conseil
souverain du Roussillon les demande, soit pour faire sa cour
à ce ministre, soit pour faire naître l'occasion de répandre
des nuages sur l'administration intérieure des villes et communautés, dans les détails de laquelle cette compagnie mani-
festait le plus grand désir d'entrer ».

En conséquence, on lui adressa, en mai 1766[1], un édit suivi
aussitôt d'une déclaration réglant, pour l'avenir, la composition des corps de ville dans les diverses communes de la
province. La déclaration du 31 mai 1766 distingua trois
catégories de villes. Celles-ci seront classées, non d'après
l'importance plus ou moins grande de leurs privilèges
antérieurs, mais d'après le nombre de leurs habitants :

1º Les villes d'au moins 4.500 habitants ;

2º Les villes de 2.000 à 4.500 habitants ;

3º Les villes de moins de 2.000 habitants.

Nous ne nous occuperons que des villes de 4.500 habitants
et au-dessus, puisque Perpignan était dans cette catégorie.

Ces villes avaient un corps municipal composé d'un maire,
de quatre échevins, de six conseillers, d'un syndic receveur
des impositions et d'un secrétaire-greffier. Le maire était
nommé par le roi ; tous les autres officiers municipaux étaient
élus par les notables ; un des échevins devait être gradué en
droit. Le maire était élu pour une période de trois ans ; les
échevins pour deux ans et renouvelés chaque année par moitié ;

---

[1] LIV. VERT MAJ., t. II, fº 1 à 11.

les conseillers étaient élus pour six ans et renouvelés chaque
année par sixième ; le secrétaire et le syndic pour trois ans
et rééligibles. Le maire et les échevins réglaient les dépenses,
le secrétaire-greffier avait la garde des titres et papiers de la
commune, il en dressait l'inventaire à sa sortie de charge et
était responsable des pertes qui avaient pu se produire. Le
nombre des officiers municipaux subalternes était réglé par
l'Assemblée des notables. Siégeaient à l'Assemblée des notables : le maire, les échevins, les conseillers et 14 notables
choisis comme il suit :

1 dans le chapitre principal ;

1 dans l'ordre ecclésiastique ;

2 parmi les nobles et bourgeois honorés ;

1 parmi les officiers des juridictions en quelque nombre
qu'elles soient ;

2 parmi les avocats, médecins, bourgeois vivant noble-
ment ;

1 parmi ceux qui composaient la Communauté des notaires
et procureurs ;

3 parmi les négociants en gros ;

3 parmi les laboureurs et artisans ;

Les notables n'étaient pas directement élus par la population, mais désignés par une assemblée préparatoire composée de :

1 député du chapitre principal ;

1 — pour chaque chapitre ;

1 — pour l'ordre ecclésiastique ;

1 — pour les nobles et les militaires ;

1 — pour le baillage ;

1 — pour chaque autre juridiction ;

1 député pour chaque corps ou communauté du lieu.

L'Assemblée des notables était présidée par le viguier et, en son absence, par le maire. Cette assemblée décidait quelles affaires seraient confiées au maire assisté des échevins et dans quels cas le concours des conseillers serait nécessaire.

Nous avons insisté sur cette constitution et sur la formation de l'Assemblée des notables, parce qu'elle fut une véritable révolution, non seulement dans le régime municipal, mais dans l'ordre social lui-même ; elle fut un premier pas vers l'uniformité de la législation administrative des communes. Tout ce qui pouvait rappeler à la province son passé de privilèges est détruit ; l'antique division de la population en trois classes disparaît ; l'institution consulaire elle-même, qui avait résisté victorieusement aux divers événements de six siècles, est abolie.

Cet édit jeta la consternation parmi les Roussillonnais. De tous côtés, des protestations s'élevèrent, les représentants du roi eux-mêmes reconnurent que la mesure était vexatoire et le subdélégué, M. Poeydavant, rédigea un très sage mémoire sur la constitution municipale et l'administration des villes et bourgs de la province du Roussillon et, en particulier, de la ville de Perpignan. Après avoir analysé l'ancienne constitution et en avoir montré tous les avantages, il conclut ainsi : « Cette administration peut avoir quelques abus parce que rien de ce qui est émané de l'esprit des hommes n'a le caractère de l'infaillibilité ; mais elle paraît avoir dans l'exacte observation de ses règles des moyens suffisants pour les corriger ».

Le roi se rallia à l'opinion de M. Poeydavant et envoya, le

1er août 1766[1], à son intendant en Roussillon, des lettres de cachet portant sursis à l'exécution de l'Édit, mais pour la ville de Perpignan seulement. Perpignan garda provisoirement son ancien système municipal jusqu'à un nouvel édit d'août 1768, qui confirmait la division des habitants en trois classes et rétablissait officiellement l'ancien ordre de choses avec de très légères modifications : il rétablissait cinq consuls, assistés d'un Conseil général composé d'après les règles de l'Ordonnance de 1499. Mais il stipulait que le Conseil général ne pourrait être convoqué par les consuls sans avertir le gouverneur de la Province qui enverrait le viguier pour présider aux réunions. Dans ce Conseil général étaient formées neuf commissions différentes, composées de douze membres, chargées chacune d'assister les consuls dans un genre d'affaires déterminé[2].

Le soin de procéder aux opérations de l'insacculation était confié aux consuls assistés de la Douzaine d'insacculation. Les officiers municipaux n'étaient plus désignés par le sort ; les consuls et la Douzaine d'élection procédaient pour chaque charge à l'extraction de trois noms et choisissaient parmi ces trois noms le titulaire de la charge[3].

L'article 83 accordait aux consuls une nouvelle prérogative, celle de représenter avec les trois viguiers de Roussillon la

[1] Liv. vert maj., t. II, f° 21.

[2] Voici quelles étaient ces douzaines : « douzaine d'insacculation ; douzaine d'élection ; douzaine de Saint-Pierre qui s'occupe des finances ; douzaine des chairs, boucheries et grains ; douzaine des œuvres pies ; douzaine des réparations communes ; douzaine des procès ; douzaine de conservation des privilèges et de contrôle de l'enseignement ; douzaine des remèdes ou des réformes ».

[3] Cela se passait ainsi pour tous les officiers municipaux sauf pour les consuls. Ceux-ci étaient toujours choisis par l'intendant parmi les trois candidats extraits des bourses.

province tout entière. Ils s'assemblaient tous les deux ans au moins et plus souvent, s'il y avait lieu, avec l'assentiment de l'intendant, ils délibéraient sur les améliorations nouvelles des administrations et réunissaient leurs observations en un mémoire qui était envoyé au contrôleur général des Finances qui statuait.

Par un arrêt du 14 août 1772 [1], le Conseil souverain compléta l'Ordonnance royale : Désormais, les consuls ne convoquèrent le Conseil général que sur ordre écrit de l'intendant et les contestations survenues, à l'occasion du choix des magistrats, furent réglées directement par ce dernier. On pouvait cependant faire appel de ses décisions devant le Conseil souverain [2]. C'est aussi l'intendant qui désignait les habitants qui seraient exempts de prendre part à l'administration de la cité. Les consuls et la Douzaine d'insacculation ne furent pas libres dans le choix des sujets à insaculer dans les bourses d'élection ; les candidats, désignés par eux, n'étaient définitivement admis que sur l'avis favorable du gouverneur ou de l'intendant. On alla même plus loin en pratique, d'après M. Desplanque : le gouverneur dictait lui-même les noms des habitants à insaculer dans les diverses bourses.

Par suite du trop peu de durée de leur mandat, les consuls ne pouvaient guère s'instruire des principales affaires de la communauté ni mener à bien les réformes nécessaires. Jadis, ils remédiaient à cet inconvénient en faisant, à leur sortie de

---

[1] ARCH. MUNICIPALES, série AA, registre 10.
[2] Cet appel était un contrôle illusoire du pouvoir de l'intendant puisque ce dernier était en même temps premier président du Conseil Souverain. On ne sépara les deux fonctions qu'au commencement de 1774.

fonction, ce qu'ils appelaient leur testament. Ils rédigeaient
un mémoire où ils exposaient à leurs successeurs ce qu'ils
avaient fait et ce qu'il restait à faire. Cette coutume, qui avait
donné à l'administration consulaire un esprit de suite suffisant, était tombée en désuétude en 1694, lors de la fondation des mairies et n'avait plus été reprise.

Une Ordonnance de 1778 [1] apporta à cet état de choses une
heureuse modification, en rendant triennales les fonctions
consulaires ; nous voyons dans l'article 2 de cette Ordonnance que, lors de la première nomination faite sous ce
règlement, le premier et le troisième consuls furent nommés
pour trois ans ; le deuxième et le quatrième pour deux ans et
le cinquième pour un an ; leurs remplaçants restaient en
fonctions pendant trois années. Ainsi, lorsqu'un nouveau
consul rentrait en charge, ceux qui n'avaient pas encore
accompli leur mandat pouvait l'initier aux affaires courantes. .

Ce fut la dernière réforme apportée par les rois de France
au système établi par Ferdinand le Catholique. Elle fut
salutaire au point de vue de la bonne administration des
affaires communales et elle eut aux yeux des Roussillonnais
un autre mérite : ne rien changer aux principes posés par le
monarque Espagnol.

La Constitution de 1499 fut conservée dans ses grandes
lignes, jusqu'à la Révolution française ; abolie lors des charges
municipales en titre d'office, elle fut rétablie peu de temps
après, en 1751. En 1766, nouvelle abolition motivée par l'essai
d'unification du droit administratif communal et nouvelle

[1] ARCH. MUNICIPALES, série AA, registre 10.

restauration à la fin de la même année. Enfin, en 1768, elle fut de nouveau officiellement confirmée par un édit.

Mais, seule, la forme du gouvernement demeurait la même, l'autorité réelle était entre les mains des Intendants du roi. C'est ce que nous verrons en étudiant les attributions consulaires après 1660.

CHAPITRE VI

Attributions Consulaires 1660-1789

En 1660, quand Louis XIV fit son entrée à Perpignan, il voulut que le premier consul marchât à sa droite, de façon à persuader à tous qu'il considérait ce magistrat comme le premier personnage de la ville.

Cette promesse ne fut tenue qu'en apparence. En effet, les rois de France laissèrent aux consuls toutes les marques extérieures de leur antique autorité : ils avaient toujours dans les processions et dans les cérémonies officielles, le même costume magnifique, le même cortège somptueux de massiers, de porteurs de verges, de musiciens, de valets de ville. Ils siégeaient toujours à la *Casa del Consolat* sur une haute estrade sous un dais de velours cramoisi ; mais les honneurs attachés à leur charge, n'étaient plus qu'une pompe vaine, destinée à tromper la clairvoyance du peuple, et, en fait, ils étaient en tutelle.

Les consuls de l'époque espagnole, qui ne craignaient pas d'entrer en lutte ouverte avec les officiers royaux les plus hauts placés, ou quelquefois avec les rois eux-mêmes, n'auraient pas reconnu pour leurs successeurs ces magistrats assez humbles pour consentir à se rendre, à la Noël et aux principales fêtes de l'année, chez le lieutenant-général du gouverneur, afin de lui souhaiter *les bonnes festes* [1].

Les nouveaux consuls se sont singulièrement assagis. Plus de procès interminables sur les questions de préséance. Le roi désigne à chacun son rang et tous s'inclinent devant ses décisions.

L'autorité royale, unanimement reconnue, pénétra bientôt dans toutes les branches de l'administration par l'intermédiaire des intendants. Ceux-ci jugèrent que l'école était l'institution la plus capable de changer la mentalité du pays, en apprenant à ses habitants la langue et en leur donnant l'éducation et les habitudes de France.

A la demande de l'intendant Carlier, le 9 janvier 1672, Louvois enjoignit aux consuls d'établir des écoles où l'on enseignerait la langue française. Ceux-ci ne tinrent aucun compte de cet ordre. Il fallut recourir à la contrainte. Un arrêt du Conseil Souverain, du 12 janvier 1682, ordonna la création d'écoles royales dans toutes les villes de la province. Si ces villes n'étaient pas assez riches pour subvenir à ces nouveaux frais, elles devaient se grouper et fonder l'école dans la plus importante d'entre elles.

Dans ces écoles on apprenait la langue française. Les consuls pourvoyaient à tous leurs besoins et elles étaient gratuites et obligatoires pour tous. Pour assurer l'observation de cette dernière clause, le Conseil général défendit aux chefs de corporation et aux maîtres de grammaire d'admettre des enfants « sans certificat d'avoir appris la langue française ».

[1] Lettre du secrétaire d'État Chamillard rappelant cette obligation aux consuls (2 février 1705). LIV. VERT MAJ., fol. 424.

Ainsi, celui qui ne connaissait pas le français ne pouvait entrer ni dans un corps de métier, pour se livrer à un travail manuel, ni à l'Université, pour aborder les études supérieures.

Toutefois, cette contrainte ne dura que pendant les premiers temps de la conquête. Elle n'eut plus de raison d'être, dès que l'annexion fut acceptée et tomba en désuétude ; mais le contrôle des officiers royaux sur l'école communale demeura acquis.

Pour changer la mentalité populaire, on s'était emparé de l'école ; pour enlever à la ville son caractère propre, on supprima son droit d'avoir des querelles autres que celles de la nation. D'ailleurs les guerres privées n'étaient plus possibles sous un gouvernement fort et bien organisé ; l'intendant ou le Conseil souverain réglaient tous les conflits de ville à ville. La *Ma armada* subsista pourtant mais elle ne fut plus l'armée de la cité, elle fut un régiment de l'armée royale [1].

Ce régiment fut divisé en vingt compagnies de cinquante hommes chacune. Une Ordonnance de 1733 [2] fixait le nombre d'hommes que devait fournir chaque métier et chargeait le premier consul de les recruter. Le premier consul eut le

---

[1] Ord. du 25 mai 1691, LIV. VERT MAJ., f⁰ˢ 393 et 394.

[2] Corroyeurs : 1 homme. Bottiers et Bourreliers : 7. Tanneurs : 18. Boulangers : 18. Boutonniers : 8. Aubergistes : 2. Chapeliers et Garnisseurs : 7. Charpentiers : 29. Cordiers : 7. Cordonniers : 48. Hommes de place ou Portefaix : 14. Potiers : 13. Habitants du Faubourg : 49. Jardiniers de la Réal : 18 ; de Saint-Mathieu : 35 ; de Saint-Jacques : 80. Maçons : 20. Revendeurs : 4. Maréchaux : 21. Droguistes : 32. Drapiers : 50. Mercaders : 14. Musiciens et Maîtres d'école : 7. Orfèvres : 16. Pareurs : 6. Pelletiers : 3. Rôtisseurs : 3. Roquers : 56 (confrères de Saint-Roch : travailleurs agricoles à la journée, voituriers, âniers, muletiers). Selliers : 6. Serruriers : 16. Tisseurs de laine : 3. Tailleurs : 51. Tuiliers 7. Tisserands : 17. ARCHIVES DE L'INTENDANCE et LIV. VERT MAJ., t. II, f⁰ 455 et suivants.

commandement de ce régiment et fut chargé de la garde des murs en cas de guerre si la garnison ne pouvait suffire à cette tâche.

Les Consuls et le Commerce

On confie encore aux consuls la police des marchés, mais sous le contrôle de l'intendant. Il arrive même souvent que l'intendant ne se contente pas de son droit de contrôle et prend l'initiative des décisions. C'est ainsi que, le 6 juin 1724 [1], il décide que « le gibier de toute espèce sera porté à la Barre et attaché aux crochets d'icelle... Le poisson frais sera porté en droiture à la place de la Poissonnerie ». Quelquefois avant de trancher une question, l'intendant veut prendre les conseils des consuls ; il ne vient point alors en personne à l'Hôtel de Ville, il fait mander les consuls chez-lui et ceux-ci consacrent leur déchéance en répondant à son appel. De rares protestations individuelles s'élèvent contre ces procédés humiliants ; elles sont vite réprimées : le trésorier de la ville, Jean Viguier, ayant refusé d'accompagner les consuls chez l'intendant, pour régler une question touchant les boucheries, fut immédiatement destitué [2].

Les Consuls et les Associations

Les consuls conservent le droit de réglementer les métiers et de contrôler la qualité de leurs productions, mais ils ne sont plus les juges en dernier ressort des contestations

[1] Liv. des Prov., t. I, L. IV, fº 553.
[2] 18 juillet 1726. Liv. des Prov., t. II, fº 109.

survenues d'association à association. Le Conseil souverain
connaît en appel de leurs décisions et n'hésite pas à les
casser[1]. L'Ordonnance de 1768, qui rend à la ville son
ancienne constitution, confirme tout de même cette diminution des attributions consulaires. On lit, en effet, dans
l'article IV de cette Ordonnance : « Pour tout ce qui a trait...
à la police des corps de métier, aux élections des marguilliers
des paroisses de la ville, à la vérification des comptes des
marguilliers et des établissements de bienfaisance, les décisions des consuls pourront être réformées par le Conseil
souverain ».

Les Consuls et le Patrimoine communal

Les consuls continuent à nommer les administrateurs de
l'Hôpital Saint-Jean et ceux de la Pieuse Aumône. Ils se par-
tagent avec le Chapitre de la Cathédrale et le Conseil souverain
l'administration du nouvel Hôpital de la Miséricorde, créé
par Louis XIV pour recevoir les orphelins; mais les œuvres
de bienfaisance sont les seules entreprises municipales où
ils aient toute liberté d'action. Dans l'administration des
autres biens de la ville, ils ne sont considérés que comme
des mineurs : Aucune vente, aucun achat ne pourront être
conclus[2], aucune pension ne pourra être accordée par les
consuls, sans avoir pris, au préalable, l'avis de la « Douzaine
des remèdes ». Si celle-ci corrobore leur décision, ils la

---

[1] Les consuls avaient donné la préséance aux anciens cinquièmes consuls
des artistes sur les anciens cinquièmes consuls des *menestrals*. Le Conseil
souverain décide qu'ils auront cette préséance alternativement chaque année.
Arrêt du 10 mars 1714. Liv. des Prov., t. II, f° 61.
[2] Art. 50 et suivants de l'Édit de 1768.

transmettront à l'intendant qui, s'il le juge convenable, en déférera au contrôleur général des Finances qui statuera.

Un embellissement, une réparation à un établissement communal étaient-ils jugés nécessaires par l'intendant, il l'imposait aux consuls. Tandis que si ces derniers en prenaient l'initiative, ils devaient consulter la « Douzaine des réparations » ; en cas de réponse favorable de sa part, ils faisaient dresser les devis et les envoyaient à l'intendant qui les communiquait au contrôleur général des Finances qui statuait ; le travail était donné à l'adjudication. Cependant l'assentiment du contrôleur général et de l'intendant était inutile pour les réparations d'entretien.

Perpignan ne jouissait plus de la pleine propriété des biens communaux et ses consuls n'étaient plus libres d'en disposer en tant que mandataires de la ville. Ils n'avaient pas le droit d'ester en justice. Ils ne pouvaient plaider sans l'avis favorable de la « Douzaine des procès » et l'autorisation d'un commissaire royal nommé à cet effet par l'intendant. S'ils contrevenaient à cette règle et perdaient leur procès, ils en payaient les frais sur leurs biens propres. Cependant, quand un jugement était rendu en faveur de la ville, ils pouvaient, sans autorisation, défendre leurs conclusions en appel [1].

De pareilles restrictions aux attributions consulaires n'auraient pas été possibles sous les rois d'Espagne, quand le sort ou l'élection désignaient les consuls ; d'énergiques protestations, qu'il aurait fallu prendre en considération, se seraient élevées. Mais depuis que le choix en était, en fait, laissé au roi, on n'avait plus de ménagements à prendre à leur égard.

[1] Art. 47 et suivants de l'Édit de 1768.

POLICE ET VOIRIE

Les consuls ont perdu cette superbe intransigeance d'autrefois, et nous les voyons se mettre spontanément sous la tutelle de l'intendant : Nous savons, en effet, qu'aucune ordonnance royale ne leur avait enlevé leur ancienne autorité en matière de police et de voirie ; leurs décisions n'ont besoin d'aucune homologation pour être exécutées, et cependant, en 1676, ils semblent abdiquer leur pouvoir en chargeant l'intendant de faire des règlements sur la propreté des rues et la police de la ville [1].

Voyant que les consuls, loin de défendre leurs attributions de police, en font volontairement l'abandon, tous les officiers royaux, qui, de près ou de loin, ont quelques rapports par leur fonction avec l'exercice de la police, s'approprient une partie des prérogatives consulaires. L'intendant fait faire les réparations de voirie, sans même prendre l'avis des consuls [2]. Quelquefois, cependant, lorsqu'il commande des ouvrages par trop contraires à l'intérêt des habitants, ils se permettent, non comme jadis, de s'opposer à leur exécution, mais de proposer leurs très humbles remarques [3]. Mais ces remontrances elles-mêmes sont rares, et l'intendant, encouragé par ce manque d'énergie, s'attribue la direction des moindres

[1] Louis XIV leur écrit pour les en féliciter. LIV. VERT MAJ., f° 388.

[2] Ordonnance de l'intendant sur les réparations à faire par la ville à la maison de la comtesse de Las Torras. 23 août 1688. LIV. VERT MAJ., f° 391.

[3] Remarques que font Messieurs les Consuls à Monseigneur l'Intendant pour le bien et l'intérêt public, au sujet du comblement qu'on fait actuellement du ruisseau de la ville qui vient de la porte Saint-Martin. 15 janvier 1731. LIV. DES PROV., t. II, f° 174.

détails des services publics[1]. Le Conseil Souverain qui tire
de son droit de juger en dernier ressort toutes les affaires de
la province, celui de réformer les jugements des consuls en
matière de police, va bientôt jusqu'à faire des règlements
concurremment avec les consuls. Le bayle lui-même, que
Juan Ier, le 2 octobre 1392, avait complètement dépouillé de
tout droit sur le maintien de l'ordre à l'intérieur, s'ingéra
dans la police de la cité.

Ces usurpations étaient singulièrement facilitées par l'indifférence de ceux que les consuls avaient chargés de cette
importante partie de l'administration : les *clavaires*. Le
tribunal des *clavaires* était composé de quatre membres dont
deux étaient désignés par le sort, l'un dans la Main majeure
et l'autre dans la Main moyenne. Ces deux *clavaires* nommaient les deux autres : « L'exercice de ces officiers ne
durant qu'une année, comme celui des consuls, cette forme
s'oppose au bien qu'on pourrait espérer du zèle et des talents
de quelques-uns des sujets qui sont dans le cas de concourir
à ces sortes de places ; on sent que leur ministère est odieux
à l'habitant toutes les fois qu'il ne doit pas en réclamer la
rigueur contre autrui ; et de là naît une répugnance à remplir
le vœu de leur institution, qui tourne à l'oubli des règles les
plus essentielles. D'ailleurs à peine sont-ils entrés en charge
qu'ils se voient à la veille d'en sortir ; ce qui ajoute aux
motifs qui les tiennent dans l'inaction et les empêche d'agir
avec l'exactitude et l'inflexibilité souvent nécessaires dans
des circonstances où le service public exige qu'on sévisse
contre les contraventions sans égard pour ceux qui en sont

[1] Il prend un arrêté réglant la conservation et l'emploi du matériel de défense
contre les incendies. 11 Juillet 1736. LIV. DES PROV., t. II, f° 142.

les auteurs. Personne n'aime à se faire des ennemis pour un intérêt qui ne lui est pas propre et particulier [1] ». De plus il ne convenait guère à des nobles, à des bourgeois ou à tout autre citoyen des hautes classes « de courir continuellement la ville pour dénoncer telle ou telle personne qui aura manqué de balayer la rue ou l'arroser, ou qui aura jeté des immondices par la fenêtre, enfin d'aller de marchands en marchands, visiter leurs poids et mesures [2] ». Cette charge était acceptable quand elle bénéficiait de la considération qui entourait tous les titulaires d'une fonction municipale quelconque, mais, depuis l'occupation française, un certain discrédit entourait toutes les charges municipales, et celle-ci, en particulier, était loin d'être recherchée.

Si l'on ajoute au peu d'empressement des *clavaires* à constater les délits, la multiplicité des juridictions nécessaires à leur répression et les retards apportés à la clôture des affaires de police par le nombre d'appels successifs que l'on pouvait interjeter, on se rendra compte du mauvais fonctionnement de la police à Perpignan depuis la conquête française.

Les abus furent tels que, le 27 juillet 1778, le roi rendit, un peu tardivement, une ordonnance pour les réprimer [3]. Cette ordonnance règle définitivement, dans son article VI et suivants, les attributions des consuls en matière de police et supprime le tribunal des *clavaires*.

ARTICLE VI. — Les consuls connaîtront de tout ce qui concerne la sûreté de la ville, faubourgs et banlieue : port d'armes prohibé, nettoiement des rues et places publiques,

[1] Mémoire de M. Poeydavant.
[2] Mémoire anonyme concernant l'administration de la Province de Roussillon. ARCH. DÉPARTEMENTALES, Série C, 2114.
[3] ARCH. MUNICIPALES, Série AA, Reg. 10.

voirie, *alignement des rues*, entretien des lanternes, provisions nécessaires pour la subsistance, amas et magasins qui en seront faits, prix des denrées.

Halles, foires, marchés, hôtelleries, maisons garnies, cafés, cabarets et autres lieux publics seront soumis à leur surveillance.

Ils empêcheront les assemblées illicites et les séditions et tumultes qui en sont généralement le corollaire.

Ils s'occuperont des statuts et règlements des manufactures et de leurs dépendances, des élections des surposés. Ils donneront tous les ordres nécessaires en cas d'incendie ou d'inondation.

Ils feront l'étalonnage des poids, balances et mesures des marchands et artisans de la dite ville à l'exclusion de tous les autres officiers, et généralement, ils seront chargés de l'exécution des ordonnances concernant la police, sauf appel de leurs décisions au Conseil Souverain.

ARTICLE VII. — Il est défendu à tous autres officiers et notamment au bayle de Perpignan de s'ingérer dans aucune fonction concernant la police.

ARTICLE XIII. — Les contraventions seront constatées par quatre officiers de police nommés par les consuls.

Le tribunal des *clavaires* est supprimé ; les affaires de police seront jugées directement par les consuls, avec appel de leurs décisions au Conseil Souverain.

Cette Ordonnance rendait aux consuls la majeure part de leurs attributions de police, mais elle les soumettait cependant à l'autorité du Conseil Souverain.

Mais elle ne fut pas observée et les consuls ne jouirent pas de tous les avantages qu'elle leur accordait. Nous en trou-

vons la preuve dans un conflit, survenu en 1776 et terminé
en 1784, à propos de l'alignement des rues de Perpignan,
entre la Chambre des Domaines, le Conseil Souverain [1], les
consuls et l'intendant.

Par suite des nombreux empiètements faits sur la voie
publique par les constructeurs des maisons, empiètements
plus ou moins grands selon l'avidité de chacun, ces rues
étaient très étroites et aucune de leurs maisons n'était à la
même hauteur.

Devant ces abus, la Chambre des Domaines publiait, le
18 juillet 1770, un règlement sur l'alignement des rues de
Perpignan.

Le Conseil Souverain, qui avait le droit de réformer toutes
les décisions des autres Chambres de la province, voulut
reviser ce règlement ; il en retarda la publication jusqu'au
17 décembre 1774 ; à cette date, il se décida à le rendre
exécutoire après avoir attaché des sanctions pénales à son
exécution.

Ce règlement allait être appliqué quand les consuls protestèrent : les questions de voirie, prétendaient-ils, ne pouvaient
être réglées que par eux ; la Chambre des Domaines, en voulant empiéter sur leurs attributions, commettait un abus de
pouvoir. L'affaire fut portée devant le Conseil d'État qui cassa
le règlement de la Chambre des Domaines et le jugement du
Conseil Souverain, sans, toutefois, donner gain de cause aux
consuls. Considérant que les rues de Perpignan étaient réellement trop étroites et tortueuses, il déclara nécessaire de les
aligner et de les élargir. Il confia le soin de dresser les devis

[1] Voir sur ce conflit *L'alignement des rues de Perpignan au* xviiie *siècle,* de
M. Ph. Torreilles.

à l'ingénieur en chef des Ponts et Chaussées, le sieur Duclos ;
les consuls furent chargés de régler les indemnités dues
aux propriétaires ; et l'intendant dut veiller à l'exécution de
ces mesures.

C'était mettre bien clairement les consuls sous la dépendance de l'intendant pour les affaires importantes de voirie.

Mais ceci se passait avant l'Ordonnance royale de 1778. Il
semblerait qu'après cette date on dut rendre aux consuls leur
liberté d'action.

La suite de ce conflit nous montrera le peu de cas qu'on fit
de cette Ordonnance ; les consuls furent de plus en plus
asservis.

Une somme de 800 livres avait été inscrite, selon les formes
alors usitées, au budget communal pour être versée en traitement tous les ans à l'architecte municipal. M. Duclos resta
en fonctions jusqu'en 1784, époque à laquelle, ayant été
nommé par le roi inspecteur des travaux du port de Cher-
bourg, il remit sa démission aux consuls ; il les priait en
outre de choisir à sa place l'ingénieur en chef des Ponts et
Chaussées qui lui succéderait à Perpignan. Mais les consuls
trouvèrent un autre architecte, le sieur Margouët, qui se
chargea des travaux de la ville pour 400 livres, c'est-à-dire
pour la moitié de la somme réclamée par l'architecte du roi.
Ils nommèrent donc le sieur Margouët, architecte municipal.
Ce choix ne devait pas être soumis à l'approbation de qui que
ce fût puisqu'il ne nécessitait pas l'inscription au budget d'une
dépense nouvelle.

Cependant l'intendant jugea bon de s'y opposer. Les consuls
protestèrent auprès du gouverneur le duc de Noailles.

Mais celui-ci, au lieu de leur donner gain de cause, leur

conseilla de se soumettre à l'intendant et de lui demander amiablement la ratification de leur décision. C'est ce qu'ils firent. L'intendant n'accepta pas M. Margouët comme ingénieur. Il le chargea seulement de surveiller les travaux sous les ordres de l'ingénieur des Ponts et Chaussées qui en eut la direction.

Les consuls se résignaient avec peine à « reconnaître définitivement l'intendant pour leur supérieur dans toutes les affaires intéressant la ville ». Une lettre du duc de Noailles, à la date du 21 octobre 1784, acheva de leur persuader que le temps de la résistance au pouvoir central était bien passé : « Je ne puis que vous exhorter à faire ce qui dépendra de vous pour vous concilier avec M. l'Intendant, sur tout ce qui se rapporte à l'administration municipale de Perpignan. Il m'a paru lui-même disposé à seconder vos vues à cet égard. Pour moi, vous savez que je n'ai rien de plus à cœur que de vous marquer ma bonne volonté en toute occasion ». Il fallait s'incliner ; les consuls le comprirent ; d'ailleurs, cette velléité de résistance n'avait été qu'accidentelle. Ce fut un dernier effort des consuls avant de se décider à perdre, pour toujours, toute importance politique et administrative.

Ce n'est pas seulement en ce qui concerne la police et la voirie urbaines, que les consuls ont perdu toutes leurs anciennes prérogatives ; depuis longtemps, ils ont aussi été dépouillés de toute autorité au sujet de l'entretien et de la construction des routes de la banlieue.

Sous les rois d'Aragon et sous les rois d'Espagne, chaque ville possédait un certain nombre de chemins, divisés en deux catégories :

a) Camins reals (chemins royaux).

b) Carrerasses (chemins de traverses).

Les *Camins reals* étaient entretenus directement par la caisse communale sur les fonds fournis par un impôt spécial (droit de barra) ajouté aux droits d'octroi.

Les *Carrerasses* de la banlieue étaient entretenues par les riverains, sous le contrôle des *sobreposats* de la *Horta*. De bonne heure, les intendants, prétextant que le bon entretien des *Camins reals* intéressait la province tout entière, se réservèrent l'emploi des revenus du droit de *barra*. Ils s'occupèrent désormais des chemins appartenant à Perpignan et bientôt de tous ceux de la province.

En 1750, le contrôleur général des Finances, de Machault, réunit les chemins de Roussillon à l'administration des Ponts et Chaussées [1].

Ce fut aussi sous prétexte d'intérêt général que l'on enleva aux consuls leur pleine juridiction sur le ruisseau de *las Canals*. Un arrêt du Conseil d'État, du 13 mars 1725, permit à l'Intendant de reviser, avant de les faire mettre à exécution, toutes les décisions prises par les consuls au sujet de ce ruisseau. L'Édit de 1766 fit passer ce droit de réformer les décisions consulaires de l'intendant au Conseil Souverain ; mais, un nouvel Édit de 1773, n'intéressant que cette matière, rendit ce droit à l'intendant.

[1] Mémoire de M. Poeydavant.

Finances

Quelque importantes qu'elles fussent, les restrictions que nous venons d'exposer, ne visaient chacune qu'un point particulier de l'administration consulaire ; elles en diminuaient l'autorité, mais ne suffisaient pas à l'annihiler totalement.

La déchéance de l'institution consulaire devint définitive quand on eut enlevé aux consuls leur indépendance financière, base de l'indépendance de toute administration.

En mars 1694 [1], Louis XIV créa des charges de contrôleurs des finances municipales dans toutes les communes du royaume. Ces contrôleurs devaient :

1o Assister aux adjudications des revenus des impôts ;

2o Contrôler et enregistrer toutes les ordonnances de dépenses des consuls ;

3o Vérifier les quittances des sommes données ou reçues par le trésorier de la commune ;

4o Assister à la reddition des comptes du trésorier de la commune aux consuls.

Ces charges de contrôleur étaient vénales et M. J. B. de Dompmartin était chargé d'en recueillir le prix de vente. Devant les supplications des consuls, il n'appliqua pas à la Province l'Ordonnance royale ; mais M. de Trobat, intendant de Roussillon, lui en demanda l'exécution avec insistance et, le 29 décembre 1694, M. J. B. de Dompmartin rendit l'édit exécutoire en Roussillon [2].

[1] Liv. vert maj., fo 404.
[2] Liv. vert maj., fos 407 à 413.

Ce fut J. B. du Bellay qui acquit la charge de contrôleur des finances communales de Perpignan. Il signifia sa nomination aux consuls, mais ceux-ci, de parti-pris, ne se trouvèrent pas à l'Hôtel de Ville le jour de la signification. La nomination fut alors portée à la connaissance du syndic de la ville qui dut en faire part aux consuls. Il fallut se soumettre, car une Ordonnance du Conseil d'État du 20 juin 1694, réglementant les offices de contrôleur, infligeait de très fortes amendes, payables sur leurs biens propres, aux officiers municipaux qui ne voudraient pas se soumettre à l'édit royal.

Ce contrôle parut encore insuffisant au roi. Le 13 janvier 1704 [1], il fixa lui-même en détail les dépenses communales. Il régla le traitement de tous les officiers municipaux. Considérant que dans l'adjudication des revenus des impôts, il se glissait des fraudes nombreuses et que certains adjudicataires s'entendaient avec les conseillers de Douzaine ou les consuls pour obtenir l'adjudication à un prix plus bas qu'il ne convenait, il ordonna qu'à l'avenir tous les baux des revenus communaux seraient soumis à l'intendant, et il écrivit à M. de Trobat de s'occuper particulièrement de cette question.

Cet arrêt, n'ayant pas rendu tout l'effet qu'on en pouvait attendre et n'ayant pas suffi à ramener l'ordre dans les finances communales, le Conseil d'État intervint encore le 25 janvier 1718 [2]. Il exposait d'abord les motifs de son intervention :

Les consuls, renouvelés tous les ans, ne se préoccupaient guère, pour cette raison, de l'avenir, et l'économie n'était pas

[1] LIV. VERT MAJ., f° 421.
[2] LIV. DES PROV., t. II, f° 68.

leur principal souci. Aussi, quand, après le paiement des dépenses prévues par l'Ordonnance de 1704, il restait encore de l'argent en caisse, les consuls, bien loin d'en faire un fonds de réserve qui eût facilité la tâche de leurs successeurs, le dépensaient à des œuvres de leur choix pendant l'année de leur mandat.

De plus, certaines charges, dont l'objet intéressait la province tout entière, étaient supportées par la seule ville de Perpignan.

En conséquence, le Conseil d'État décide que toutes les dépenses prévues par l'Édit de 1704 seront maintenues. Il indique, toutefois, certaines exceptions : Traitement du commandant de la province, du directeur des fortifications, du lieutenant d'artillerie, du contrôleur d'artillerie, etc.

Il énumère les dépenses nouvelles qui devront être faites ; il porte à 1347 livres la somme affectée aux dépenses imprévues qui jusque-là n'était que de 1200 livres. La liste des dépenses inscrites par le Conseil d'État au budget communal est limitative : Défense est faite aux consuls d'en ordonner et au trésorier d'en acquitter d'autres que celles énumérées dans le présent arrêt.

Le Conseil d'État règle en outre l'ordre de préférence qui devra être observé dans les paiements :

1º Les dépenses intéressant toute la province ;

2º Les logements des officiers royaux ;

3º Les traitements des officiers municipaux et les dépenses particulières à la ville ;

4º Les rentes constituées, si elles l'ont été régulièrement avec le visa de l'intendant ;

5° Les traitements des consuls, s'il reste des fonds dispo-nibles. .

Tous ces paiements devront être effectués par le trésorier municipal à l'exclusion de tout autre. Les consuls ne pour-ront charger les fermiers des revenus communaux de payer, en diminution de leurs fermages, certaines dettes com-munales.

Tous les baux devront être approuvés par l'intendant. Les fonds, qui demeureront disponibles après le paiement de toutes les dépenses communales énumérées par le présent décret, seront employés à l'amortissement de la dette com-munale.

Les trésoriers et autres officiers comptables, quatre mois au plus après leur sortie d'exercice, porteront leurs comptes au greffier du consulat qui s'en chargera par inventaire et ils seront examinés par les consuls en présence du Conseil de Douzaine des finances.

L'intendant sera juge de toutes les contestations entre les trésoriers et les consuls au sujet des comptes. L'intendant devra en outre épurer les comptes des trésoriers pendant les vingt-neuf dernières années et, s'il y a eu des concussions, faire restituer les sommes détournées et employer ces sommes à l'amortissement des dettes de la ville.

Ce décret du Conseil d'État consacre la mainmise de l'in-tendant sur l'administration des finances, et, par suite, sur toute l'administration municipale. Il était une marque de la défiance royale à l'égard de la probité des consuls.

Cette défiance avait été éveillée par les rapports des inten-dants, et il faut constater que ceux-ci n'exagéraient pas lorsqu'ils signalaient au roi le désordre, le gaspillage et même les détournements financiers dont les consuls se rendaient coupables. L'agent du roi avait aussi lieu de se plaindre de l'indifférence de ces magistrats en matière de police, et, en général de leur incapacité dans toutes les branches de l'administration.

Indifférence des Hautes Classes pour les Charges municipales

Durant les premiers temps de la domination française, les emplois municipaux étaient encore recherchés ; mais depuis la création des mairies en titre d'office, ils ne sont plus brigués comme un honneur, mais réellement subis comme une charge : On est obligé d'attribuer un traitement à tous leurs titulaires et même aux consuls. Mais, malgré tout, ceux qui sont le plus aptes à s'occuper des affaires de la ville, s'en éloignent et ceux-là seuls désirent les charges municipales, qui espèrent en tirer profit.

La magistrature consulaire a perdu beaucoup de son prestige depuis que la *Ma armada* n'existe plus. Autrefois le peuple voyait dans ses consuls ses chefs militaires autant que ses administrateurs et il les respectait d'autant plus qu'il avait coutume de les voir les premiers au danger, les plus opiniâtres dans la défense de la ville. La *Ma armada* avait élevé Perpignan au rang de capitale du Roussillon et ses orgueilleux habitants admiraient en ses chefs, les consuls, les premiers personnages de la province.

ı Sous les rois d'Aragon et, plus tard, sous les rois d'Espagne, les consuls pouvaient tirer orgueil d'être les représentants du peuple, puisque dans le peuple résidait le principe même de

l'autorité : quand une modification était apportée aux coutumes des Perpignanais, c'était en vertu d'un pouvoir qui
émanait d'eux-mêmes. Quand le roi percevait sur eux des
impôts, c'était avec le libre consentement de leurs représentants.

Mais depuis 1660, ce n'est plus dans le peuple qu'il faut
chercher la source de l'autorité : si le roi rend un édit, c'est
« en vertu de sa certaine science, pleine puissance et autorité
royale » parce que « tel est son bon plaisir ». Le peuple n'est
plus consulté au sujet des impôts royaux, bien plus le roi a
pris la direction des finances communales elles-mêmes ; toute
autorité réside dans le roi ; son gouvernement est fort, il a
dans toutes les places de la province des garnisons nombreuses. D'humbles remontrances sont seules permises aux
consuls et encore doivent-ils les faire appuyer par quelque
puissant personnage de l'entourage du monarque. Quelques
révoltes partielles, impitoyablement réprimées, ont montré
aux Roussillonnais qu'il leur est impossible de résister aux
armes françaises.

Il faut donc se soumettre, bon gré mal gré, à l'autorité tous
les jours plus envahissante des agents royaux. Les préam-
bules des testaments consulaires sont particulièrement ins-
tructifs sur ce changement d'esprit de la population et des
consuls après la conquête française : pendant la domination
espagnole, les consuls recommandaient à leurs successeurs
le bon accord avec l'évêque porté à s'irriter des moindres
restrictions faites aux privilèges de son clergé ; quelquefois
aussi, ils leur conseillaient d'avoir de bons rapports avec le
commandant de la citadelle, car il était prompt à tourner
contre la ville les armes destinées à la défendre.

Il n'en ira pas de même quand la France aura organisé administrativement sa nouvelle province et que l'Intendance de Roussillon aura été créée. Les consuls n'auront plus qu'un souci : rester dans les bonnes grâces de l'intendant et inculquer à leurs successeurs le désir de lui plaire.

« Devenu maître de tout, l'intendant le fut bientôt des délibérations des consuls et de leurs conseils ; les âmes honnêtes s'écartèrent de l'administration municipale en recherchant des privilèges et il ne resta à l'assemblée de la communauté que ceux qui consentirent à demeurer asservis ».

L'immense majorité des Perpignanais ne pourra s'accommoder de cette situation subalterne. Nous les avons vus durant tout le cours de leur histoire municipale chercher à atteindre le pouvoir. La lutte s'établit d'abord entre les classes, puis, quand la prédominence de la bourgeoisie est reconnue, chacun cherche à passer dans la classe supérieure, les uns par la fortune, les autres par l'instruction. L'habitant de Perpignan, quelle que soit sa condition, ne l'accepte pas comme définitive ; il cherche constamment à s'élever jusqu'à ce qu'il atteigne à la Main majeure, et, là encore, il n'est satisfait que lorsqu'il exerce personnellement le pouvoir municipal.

Toutes les querelles, toutes les intrigues, toutes les fraudes, qui, de tout temps, avaient eu lieu au sujet de l'inscription à la matricule, et qui avaient si souvent nécessité l'intervention royale, sont une preuve assez convaincante du peu de goût du Perpignanais pour l'égalité politique. Cette ambition avait surexcité son activité : A Perpignan, les privilèges, les prérogatives politiques furent toujours en raison directe de la valeur économique de l'individu. La victoire dans la lutte pour la richesse, le menait aux honneurs et à la puissance.

Et c'est peut-être cette ambition qui est le secret de cette vitalité surprenante dont Perpignan a fait preuve au cours des siècles : Nulle ville n'a été tourmentée par plus de dissensions dues au caractère emporté de ses habitants ; nulle ville n'a subi plus de fléaux dépeuplants, plus de guerres sanglantes, de sièges désastreux, et, cependant, elle a pu résister à tout ; elle ne s'est pas effondrée, comme toutes les autres villes du Roussillon, jadis si prospères, devenues peu à peu d'infimes villages ou des ruines.

Quand l'ambition active de la classe dirigeante ne trouva plus à s'exercer au-dedans de la ville, parce qu'une autorité supérieure à la sienne y a pris sa place, elle chercha à l'employer ailleurs.

Après 1599, la bourgeoisie s'était beaucoup rapprochée de la noblesse. Depuis longtemps, elle possédait, comme elle, châteaux et seigneuries, acquis d'autant plus facilement, que, en Roussillon, le droit de franc fief n'a jamais existé. Son entrée dans la chevalerie lui permettra de s'unir par des mariages à la première noblesse du pays. Elle cherchera à se servir de ce titre de noblesse, que, jusqu'ici, elle n'avait considéré que comme la suprême consécration de sa prédominance locale, pour atteindre à un rang élevé dans la nation.

En effet, les nobles ont conservé tous leurs privilèges, du moins ceux qui ne contrarient pas l'exercice du pouvoir royal. Ils ont pu « laisser dormir quelque temps leur noblesse » pour entrer à l'Hôtel-de-Ville, quand l'intérêt le leur conseillait, mais, depuis que le titre de membre de la Main majeure a perdu toute valeur, ils reprennent cette qualité de nobles qui leur permet d'entrer avantageusement en ligne dans la compétition des faveurs.

Les bourgeois sont, dans cette course vers les honneurs, des concurrents dont ils doivent chercher à se débarrasser. Ils contestent leur noblesse et des procès interminables s'engagent. Quoi qu'il en soit, la bourgeoisie jouit, pendant les règnes de Louis XIV, de Louis XV et de Louis XVI, de tous les privilèges de la véritable noblesse, et, comme elle, oublia sa province pour ne penser qu'à Paris.

CONCLUSION

Le prestige du nom français, l'immense puissance de Louis XIV, devant qui s'inclinent les rois, sont bien faits pour éblouir les Perpignanais toujours épris de grandeur et de gloire. Nous voyons naître et grandir leur amour pour la France ; tous les regards sont portés vers Paris : de Paris, le paysan attend les détaxes d'impôts, le bourgeois, la confirmation de sa noblesse si convoitée, le noble, la fortune et les honneurs, les emplois et les titres.

Seuls de rares seigneurs, demeurés malgré tout fidèles à la patrie déchue, se retirent dans leurs châteaux et quelquefois s'agitent en faveur de l'Espagne ; mais ces révoltes sont suivies de supplices et de confiscations ; la pauvreté supprime aussi bien que la mort.

Le plus grand nombre adopte les mœurs de France ; les hautes classes s'assujettissent aux modes, prennent les manières, parlent la langue de leur nouvelle patrie et le peuple les suit dans cette voie.

A Saint-Jean, on prêche en français et le représentant d'une des plus anciennes familles perpignanaises, Thadée d'Oms, peut rédiger son testament de consul en français, sans ameuter la population contre lui.

Le Roussillon n'est plus qu'un petit rouage, bien secondaire, dans la grande machine dont l'organe essentiel est à
Paris. Il ne compte guère que par la grandeur de ceux qui le
représentent, et, si la voix de son peuple parvient quelquefois
encore à l'oreille des rois, c'est que de puissants seigneurs ont
uni la leur à la sienne.

Il a perdu son individualité propre ; il n'est plus si l'on peut
ainsi dire, qu'un morceau de France. Tout le passé de gloire
de ce petit pays dont la devise déclarait « qu'il n'y avait pas
au monde assez d'or pour l'acheter, ni assez de sang pour le
vaincre », il ne reste qu'un nom ; un nom auquel rêvera encore
quelquefois le paysan de la banlieue ou le citoyen de la ville ;
un nom qui lui rappellera tout un passé d'indépendance et
de privilèges, d'héroïsme et de fierté, et ses souvenirs feront
encore passer sur ses nerfs comme un frisson d'orgueil. Mais
ce ne seront là que rêves passagers ; il lui faudra bientôt
courber le front devant la réalité. L'écho de la rue ne retentit
plus des proclamations consulaires, du bruit du tambour
appelant le pleuple aux armes pour défendre la querelle de
la ville. Une autorité, solidement établie, pèse sur le pays et
lui impose un nouveau mode de vivre ; certes, ses principes
de gouvernement, équitables et basés sur le véritable intérêt
public, ont sur les affaires du Roussillon une salutaire
influence : plus de querelles de classes, plus de luttes pour la
prédominence politique et, par suite, plus de troubles. La
rue est calme, la campagne est sûre. Il n'est plus besoin
d'armes à l'Hôtel de Ville ; l'épée du bourgeois et le mousquet
de l'ouvrier sont devenus inutiles contre le soldat, non plus
hâbleur et insolent comme jadis, mais soumis à une discipline ferme et bien comprise.

La prospérité est revenue ; mais, pour accomplir son œuvre, la France a dû ravir au Roussillon ce qui lui donnait sa physionomie propre : ses libertés ; elle a dû enlever aux habitants ce qui les singularisait : leur esprit d'indépendance. Cependant, elle a voulu laisser à la province l'illusion de ses antiques coutumes : la façade reste intacte et le peuple voit encore quelquefois, aux *festes*, l'imposant cortège consulaire, image de la puissance passée, se dérouler dans les rues de la ville.

Mais voici que viendra la Révolution française ; elle détruira jusqu'au dernier vestige de la tradition, du passé.

L'institution consulaire disparaîtra et avec elle toute l'organisation municipale antique. Le nom lui-même du pays ne sera pas respecté et l'on mettra sur les restes de notre province démantelée, pour la reconnaître dans la grande uniformité française, une étiquette : *Département des Pyrénées-Orientales*.

Vu : *Le Président de la thèse,*
J. DECLAREUIL.

Vu : *Le Doyen,*
M. HAURIOU.

Vu et permis d'imprimer :

Toulouse, le 10 mai 1912.

Le Recteur,
Président du Conseil de l'Université,
P. LAPIE.

TABLE DES MATIÈRES

BIBLIOGRAPHIE... 5

INTRODUCTION. — Origines des Institutions municipales de
Perpignan 11

CHAPITRE PREMIER. — **1196-1346. Institution consulaire**........ 23
Charte de Commune de Perpignan. — Cette charte ne fut
que la consécration officielle d'une situation de fait
bien antérieure. — Création du Conseil municipal.
— Les Consuls prennent l'habitude de nommer leurs
successeurs. — Apogée de Perpignan.

CHAPITRE II. — **1346-1463. Institution consulaire**.............. 41
Lutte des classes pour la prédominance politique. — Constitution de Pierre IV (1346) et ses modifications ulté-
rieures. — Constitution de Martin (1402). — Ordonnance
de don de Çagarriga (1411). — Désordres occasionnés
par l'interrègne. — *Regiment partit pel mitg*. — Constitution de la Reine Marie (1449).

CHAPITRE III. — **Prodromes de l'annexion des Comtés à la
France** 69
1°) *Occupation française (1463-1493)*. — Ses causes, son
influence immédiate sur la forme du régime municipal,
forme toulousaine, forma nova. — Son influence sur la
mentalité des habitants et sur l'avenir du pays.
2°) *Le Roussillon espagnol (1493-1642)*. — Constitution de
Ferdinand (1499). — Les nobles entrent à l'Hôtel-de-
Ville (1601). — Vexations de la soldatesque envers les
Perpignanais. — Haine de l'Espagne.

CHAPITRE IV. — **Attributions consulaires de 1196 à 1642**........ 90
1°) Maison, costume et préséance consulaires ;
2°) Attributions militaires : *Ma armada :*
3°) Les consuls gardiens de l'ordre public et de la salu-
brité publique ;

4°) Les Consuls et les Associations ;

5°) Les Consuls et le Commerce perpignanais ; police des marchés ;

6°) Attributions financières des Consuls ;

7°) Les Consuls et le patrimoine communal ; les œuvres de bienfaisance ;

8°) Les Consuls et l'enseignement ;

9) Attributions judiciaires des Consuls.

CHAPITRE V. — **Institution Consulaire de 1660 à 1789** 129
Confirmation des Privilèges du Roussillon (1660). — Modifications de la Constitution municipale. — Charges municipales en titre d'office (1692-1771). — Constitution de 1766 immédiatement révoquée. — Constitution de 1768, rétablissant à peu près la constitution de 1499. — Arrêt du Conseil souverain de 1772 complétant la constitution de 1768. — Ordonnance de 1778, rendant triennales les fonctions consulaires.

CHAPITRE VI. — **Attributions Consulaires de 1660 à 1789**. 145
Restrictions apportées à ces attributions. — L'Intendant a, en fait, l'administration de la ville et de la province. — Les hautes classes se désintéressent du gouvernement de la cité.

CONCLUSION 168
La vie locale disparaît. — L'œuvre de centralisation est à peu près achevée en 1789. — La Révolution renversera l'institution consulaire.

www.ingramcontent.com/pod-product-compliance
Lightning Source LLC
Chambersburg PA
CBHW072345200326
41519CB00015B/3663